巴尔干战争

（1912—1913）

［美］雅各布·古尔德·舒尔曼◎著

王艺儒　肖文超◎译

世界知识出版社

图书在版编目（CIP）数据

巴尔干战争：1912—1913／（美）雅各布·古尔
德·舒尔曼著；王艺儒，肖文超译．--北京：世界知识
出版社，2025.--ISBN 978-7-5012-6994-5

Ⅰ．D854

中国国家版本馆 CIP 数据核字第 2025AY8139 号

责任编辑　狄安略
责任出版　赵　玥
责任校对　张　琨

书　　名　巴尔干战争（1912—1913）
　　　　　Baergan Zhanzheng（1912—1913）

作　　者　[美] 雅各布·古尔德·舒尔曼
译　　者　王艺儒　肖文超

地址邮编　北京市东城区干面胡同 51 号（100010）
网　　址　www. ishizhi. cn
电　　话　010-65233645（市场部）
经　　销　新华书店
印　　刷　北京盛通印刷股份有限公司
开　　本　710 毫米×1000 毫米　1/16　7½印张
字　　数　84 千字
版次印次　2025 年 6 月第一版　2025 年 6 月第一次印刷
书　　号　ISBN 978-7-5012-6994-5
定　　价　58.00 元

"巴尔干研究译丛" 总序

在世界历史的长河中，"巴尔干"并非生僻的词汇，它始终指向那个笼罩着神秘色彩、多民族共生的山地半岛——被称为"欧洲火药桶"、充满了矛盾和纷争的多事之地。20世纪以来，巴尔干的民族主义冲击了帝国的专制统治，引发了世界格局的巨变，奏响了一曲曲民族纷争的悲歌，其间的血雨腥风一直被世人关注，由此衍生出的巴尔干研究更是国际学术界重点探讨的领域之一。然而，限于语言障碍等种种原因，我国巴尔干研究的历史积淀并不深厚，对其历史与现实纠葛的理解也难称真切。

众所周知，在全球化时代，语言文字的多样性是跨文化交流的首要障碍。不同文明间的交流互鉴首先要过语言关，不突破语言文字的屏障就谈不上真正的文化交流。在这个大背景下，如果把语言文字看作封闭不同文明的院墙，那么翻译就是开启不同文明之门的钥匙。客观地讲，翻译，特别是学术翻译在传递信息、启发民智、解放思想、推动学术研究、促进中外文化交流方面功不可没。虽然现在已经有相当多的学者可以通过直接阅读外文文献开展研究，但相对于世界上众多民族国家及其多样的语言文字来说，个人掌握的语种通常都很有限。因此，对于绝大多数研究者而言，翻译和阅读学术译著至今仍是他们保持与国际学术界思想交流互动的重要手段：前者是了解世界、追踪学术前沿、对话国际同行的最直接、最有效的方式；后者则是突破语言壁垒，通往多元文化世界的必由之路，也是学习了解不同国家历史文化的最经济、最便捷的途径。

事实上，自近代以来，中国的发展与翻译国外著作一直相伴而行。中国知识分子"睁眼看世界"首先是从翻译外国的著作开始的：魏源编写的《海国图志》首开翻译借鉴外国资料的先河。其后，中国知识界从未停止翻译引进国外的学术著作和优秀文化成果。例如，1897 年创立的商务印书馆从一开始就以"昌明教育、开启民智"为宗旨，重视翻译引进国外优秀的学术著作，历时百余年不辍。其赫赫有名的"汉译世界学术名著丛书"系列自1982 年开始出版，截至 2019 年 4 月，已推出 17 辑 750 种单行本。该套丛书按广义的学科分为哲学、政治·法律·社会学、历史·地理学、经济学、语言学五类，分别用橘、绿、黄、蓝、赭五色标识，是我国现代出版史上规模最大、最为重要的学术丛书。通过翻译和阅读这些世界学术名著，一代又一代的中国学者开始了解世界、研究世界。再如，20 世纪 70 年代，全国 17 家出版社联合翻译世界各国历史的著作，在 1972—1978 年共翻译了 171 种国别史。这套书覆盖全球各个国家，甚至包括文莱①、斐济②、马耳他③等名不见经传的小国。当时的巴尔干半岛诸国，如南斯拉夫④、保加利亚⑤、罗马尼亚⑥、匈牙利⑦、阿尔巴尼亚⑧、希腊⑨等尽在其中。与该套国别史同期出版的还有一套国别地理系列，到 1978 年共翻译了 72 种。现在看来，这批史地译丛堪称我国国别区域研究的开端，只因其由多家出版社参与，没有统一的丛书冠名，故给人的整体印象不深。

进入 21 世纪，随着国力和国际影响力的不断上升，中国与世

① ［苏］拉·维·叶法诺娃：《文莱：历史、经济和现状》，中山大学东南亚史研究室译，商务印书馆，1978。

② ［美］J. W. 库尔特：《斐济现代史》，吴江霖、陈一百译，广东人民出版社，1976。

③ ［英］布赖恩·布洛伊特：《马耳他简史》，黑龙江大学英语系翻译组译，黑龙江人民出版社，1975。

④ ［英］斯蒂芬·克里索德主编，亨·克·达比等著：《南斯拉夫简史：从古代到 1966 年》，黑龙江大学英语系翻译组译，黑龙江人民出版社，1976。

⑤ ［保］科谢夫、赫里斯托夫、安格洛夫：《保加利亚简史》，黑龙江大学英语系翻译组译，黑龙江人民出版社，1974。

⑥ ［苏］弗·恩·维诺格拉多夫、叶·德·卡尔佩辛科等：《罗马尼亚近现代史》，中国科学院世界历史研究所翻译组译，商务印书馆，1974。

⑦ ［苏］伊斯莱梁、涅仁斯基：《匈牙利现代史》，黑龙江大学俄语系翻译组译，黑龙江人民出版社，1972。

⑧ ［阿尔巴尼亚］克里斯托·弗拉舍里：《阿尔巴尼亚史纲》，樊集译，生活·读书·新知三联书店，1972。

⑨ ［英］休特利、达比、克劳利、伍德豪斯：《希腊简史：从古代到 1964 年》，中国科学院世界历史研究所翻译小组译，商务印书馆，1974。

界的联系也越来越密切，走出国门旅游、求学、经商、访问的中国人越来越多，了解世界的需求呈现暴涨态势。在此期间，各大出版社对译介国外学术成果越来越重视，翻译著作难以计数，各种译丛更是如雨后春笋，层出不穷。比如广西师范大学出版社与学林出版社推出的"理想国译丛"，中信出版集团的"见识丛书""新思文库"，社会科学文献出版社的"甲骨文丛书"，等等，都是近年来比较有影响的翻译系列。而随着 2013 年"一带一路"倡议的提出，国人对"一带一路"共建国家历史文化的了解诉求也倍增。以往少人问津的有关巴尔干的译著也开始问世，如《巴尔干两千年：穿越历史的幽灵》[①]《巴尔干五百年：从拜占庭帝国灭亡到 21 世纪》[②] 和《黑羊与灰鹰：巴尔干六百年》[③] 等。但总体上讲，目前关于巴尔干地区国家历史文化作品的译介数量不多，特别是严谨的学术著作更少，无法满足学术界加强巴尔干研究的需要。在这种背景下，为更好地推动国内的巴尔干研究，首都师范大学文明区划研究中心与世界知识出版社合作，共同策划推出这套"巴尔干研究译丛"。

本丛书计划首批翻译出版十部在国际学术界有重要影响的巴

---

① ［美］罗伯特·D. 卡普兰：《巴尔干两千年：穿越历史的幽灵》，赵秀福译，北京大学出版社，2018。

② ［英］马克·马佐尔：《巴尔干五百年：从拜占庭帝国灭亡到 21 世纪》，刘会梁译，中信出版社，2017。

③ ［英］丽贝卡·韦斯特：《黑羊与灰鹰：巴尔干六百年》，向洪全、夏娟、陈丹杰译，中信出版社，2019。

尔干研究力作。其中包括美国著名巴尔干学者玛莉亚·托多洛娃
的《想象巴尔干》①、保加利亚学者伊万·伊尔切夫的《巴尔干玫
瑰：保加利亚简史》②、塞尔维亚学者斯维托扎尔·拉雅克和希腊
学者康斯坦蒂娜·E. 博西乌等共同主编的《巴尔干冷战史》③、
挪威学者塞布丽娜·P. 拉梅特的《三个南斯拉夫：国家建构和合
法化》④ 等。这些著作都是经国内外一流的巴尔干学者认真推荐、
极具代表性的学术佳作。它们的翻译出版对于我国学者开阔视野、
追踪前沿、深化巴尔干研究都有重要的意义。

总之，我们希望通过翻译出版"巴尔干研究译丛"，持续不
断地引进国际学者有影响的代表性著作，向国内有志于巴尔干研
究的学者，特别是青年学者提供一批高水平的权威读本，帮助他
们博观约取，后来居上，为提升我国巴尔干研究的水平贡献力量。

仅此初衷，聊表为序。

梁占军

2020 年 3 月 8 日

---

① Maria Todorova, *Imaging the Balkans* (New York：Oxford University Press, 1997)

② Ivan Ilchev, *The Rose of the Balkans：A Short History of Bulgaria*, Translated from the Bulgarian by Bistra Roushkova (Sofia：Colibri, 2005).

③ Svetozar Rajak, Konstantina E. Botsiou, Eirini Karamouzi, Evanthis Hatzivassiliou, (eds.), *The Balkans in the Cold War* (London：Palgrave Macmillan, 2017).

④ Sabrina P. Ramet, *The Three Yugoslavias：State - Building and Legitimation, 1918-2005* (Bloomington and Indianapolis：Indiana University Press, 2006).

译者序

　　在世界历史的长河中，局部冲突往往不仅是区域性事件，更可能是牵动全球地缘政治、经济、文化格局的重要转折点。1912—1913年爆发的两次巴尔干战争，是欧洲大陆上一场剧烈的民族格局重塑与地缘政治冲突，其影响远远超出了巴尔干半岛本身，成为20世纪初国际政治生态变革的重要前奏。这两场被低估的局部战争，不仅终结了奥斯曼帝国在东南欧长达5个世纪的统治，更深刻重塑了巴尔干半岛的地缘政治版图与社会结构。作为第一次世界大战的序曲，两场巴尔干战争的火药味早已预示了更大规模国际冲突的临近。在《巴尔干战争（1912—1913）》一书中，时任美国驻希腊和黑山大使的雅各布·古尔德·舒尔曼以亲历者的视角，对这两场战争进行了全景式重现，各国军事进程与外交博弈的交错、社会变革与身份认同的张力，都在其笔下获得了多维度的呈现。

本书第一版问世于 1914 年初，可以说是最早开启系统性研究巴尔干战争的典范。当然，舒尔曼这部作品的价值不仅在于对战争过程的翔实梳理，更在于突破了后辈学者"胜利者叙事"的框架。通过将奥斯曼帝国、巴尔干诸国及欧洲列强置于同一历史舞台，本书揭示了战争背后复杂的权力网络——既有新生民族国家追求独立的觉醒，又有老牌帝国维护霸权的挣扎，更交织着欧洲列强暗流涌动的权力角逐。这种多重视角的交织，恰如一把洞察历史全局的钥匙，为我们理解 20 世纪初期巴尔干地缘政治格局的嬗变奠定了基础。

我们知道，巴尔干战争的爆发实质上是 19 世纪民族主义浪潮与奥斯曼帝国衰亡进程交汇的必然结果。自 19 世纪中叶起，希腊、塞尔维亚、保加利亚等巴尔干各国相继摆脱奥斯曼帝国统治而实现独立，但与此同时，大量同族裔人口依然滞留在这个曾经辉煌而日渐衰落的"欧洲病夫"版图之内。这种局面为后来的巴尔干民族自决和国家统一问题埋下了隐患。正是在这样复杂的历史背景下，巴尔干民族主义情绪高涨，各国既充满独立的理想，又在实际利益上不断进行算计。事实上，1912 年巴尔干同盟的成立并非偶然，而是俄国地缘政治战略与巴尔干各民族长期合谋的结果。例如，保加利亚与塞尔维亚在 1912 年 3 月签署的密约，不仅划分了战后马其顿的势力范围，还将阿尔巴尼亚的独立诉求视为可牺牲的筹码，这种精心设计的利益交换无疑为战争的爆发提供了直接的推动力。

与此同时，奥斯曼帝国在应对内外挑战时，其现代化改革中暴露出的深层矛盾也为战争埋下了伏笔。青年土耳其党试图通过中央集权强化对各地的控制，但这一政策在实施过程中却激化了马其顿和阿尔巴尼亚等边疆地区的离心倾向。大量奥斯曼帝国军事档案显示，帝国军队在动员效率、后勤保障与战术协调上存在严重系统性溃败问题，这不仅是技术层面的不足，更深刻地反映出帝国治理的内在合法性危机。1912 年 10 月，奥斯曼帝国下达的动员令因铁路运力不足和地方官僚的顽固抵制而迟迟未能有效传达到前线，直接导致色雷斯战区未战先溃，进一步暴露了帝国整体体制的僵化和失灵。

在第一次巴尔干战争中，巴尔干同盟国家在与奥斯曼帝国的对抗中取得了惊人的闪电式胜利，彻底打破了欧洲列强对"巴尔干蛮族"的刻板印象。保加利亚军队凭借精妙的迂回包抄战术，在基尔克基利塞战役中，卢莱布尔加兹和乔尔卢的重大战役中击败了奥斯曼帝国的军队。在短短几周内，保加利亚费迪南沙皇麾下不可阻挡的军队便推进到查塔尔贾防线。与此同时，希腊海军利用对达达尼尔海峡的严密封锁，迫使奥斯曼帝国失去了对爱琴海的制海权。这一系列军事行动无疑展示了新兴民族国家在战术和战略上的创新与果敢。然而，战争的残酷远远超出了军事胜利的表象。大量士兵日记与平民口述史料记录了战场上的族群清洗、宗教迫害与大规模难民涌动的惨状。保加利亚在波马克地区实施的强制基督教化政策和塞尔维亚在科索沃的种族驱逐行动，都成为战后巴尔干各民族国家构建过程中的血腥阴影，深刻揭示了民族主义狂热背后的暴力和残酷。

尽管第一次巴尔干战争中巴尔干同盟国家赢得了辉煌的胜利，但同盟内部的矛盾和利益纷争很快显现出来，进而引发了同盟内部的战争，即第二次巴尔干战争。保加利亚因对1913年《伦敦条约》中的领土分配方案不满，贸然对塞尔维亚和希腊发动进攻，结果却遭到了罗马尼亚和奥斯曼帝国的联手反扑。最终，保加利亚在1913年《布加勒斯特条约》中失去了多布罗加及马其顿大部分地区。这一"兄弟阋墙"的局面，实际上反映出欧洲列强在幕后博弈的影子——以德国和奥匈帝国为首的同盟国暗中支持保加利亚，而以英国、法国、俄国为首的协约国则通过外交施压迫使罗马尼亚参战，使巴尔干战争在内部分裂与外部干预之下演变成一场复杂的代理人战争。

巴尔干战争直接导致了奥斯曼帝国欧洲领土的彻底丧失，但其深远影响远不止于此。从更宏观的跨国史视角看，这两场战争不仅加速了巴尔干各民族国家的构建，同时也揭示了全球帝国主义竞争、资本与军事技术渗透及信息传播网络在地区冲突中的重要作用。各国通过电报、报纸与摄影报道迅速传播战场信息，使巴尔干问题不再是局部事件，而成为全球舆论关注的焦点。在这一过程中，欧洲列强借助《伦敦条约》等国际协议，强行划定了阿尔巴尼亚等国家的边界，这种由外部势力塑造国家边界的行为，无疑反映了"东方问题"深层结构中的文明等级论和殖民逻辑。

欧洲外交官在谈判桌上分割巴尔干，实际上是在践行一种既排斥当地民族自决权，又试图将"未开化地区"的奥斯曼遗产纳入现代国际法体系的双重标准。这种矛盾在阿尔巴尼亚建国过程中尤为明显，发人深省。

此外，战争中全球资本和军事技术的介入，使巴尔干战场成为欧洲工业文明的试验场。德国的克虏伯大炮、法国的军事顾问和英国的海军战略等现代化元素，为参战各国军队提供了先进装备和作战指导，使希腊和保加利亚在军事改革方面迅速跟上时代步伐。希腊军队在英法专家的帮助下实施了大刀阔斧的改革，而保加利亚借鉴普鲁士的"闪电战"模式，形成了独具特色的作战方式。这种技术和理念的跨国流动，不仅改变了传统的作战模式，也为现代战争中的信息传播和宣传造就了先机。巴尔干战争还加速了人口的跨国流动。由于战争引发了大规模难民潮，约有 50 万穆斯林从马其顿逃向安纳托利亚。希腊与保加利亚之间也开始了强制性的人口交换，甚至连萨洛尼卡的塞法尔迪犹太人也陆续移民至美洲。这种被迫的迁徙不仅彻底改变了地区的人口结构，也为日后爆发的种族清洗埋下了隐患。

巴尔干战争对现代土耳其共和国的形成也产生了深远影响。奥斯曼帝国在欧洲战场上的惨败被视为"旧帝国"腐朽的有力证明，促使凯末尔主义精英认识到，只有彻底摒弃传统宗教和封建残余，推行激进的世俗化与民族同质化政策，才能重塑国家认同和实现现代化转型。土耳其军事档案中记载的诸多战场经历，诸如恩维尔·帕夏等青年军官的亲身体验，直接影响了他们后来的改革理念和外交策略，从而为土耳其共和国的建立提供了宝贵的实践经验和理论支持。

长期以来，巴尔干战争在中国学界被视为"一战前奏"的脚注，鲜有系统的专题性研究，而本书中文版的出版恰逢学界对全球史与国别区域研究兴趣日益高涨之际。舒尔曼对民族主义、帝国转型与军事现代性的深刻剖析，不仅为我们提供了解读巴尔干历史的新框架，也让我们在中国近现代史研究中看见了契合的类似议题，例如清末民初的边疆危机。这些研究为理解历史的连续性与断裂性提供了重要指导。《巴尔干战争（1912—1913）》中文版的出版，不仅是对巴尔干战争历史的补缺，更是对其当代意义的探索。当民族主义再度高涨、地缘竞争蔓延、技术革命深刻改变战争形态时，回顾1912—1913年的巴尔干战争，仿佛透过一面历史的棱镜，折射出现代社会的困境。站在跨国史的立场上，我们看清了局部冲突的内外联系：每一次地区性的战争不仅是旧世界秩序的遗产，也是在新世界秩序中预示着更深层次的问题。

中文版问世之际，全球化进程正在深入推进，世界正在面临百年未有之大变局。历史记忆不应再局限于国别视角，而应该以跨区域、跨文化的宽广视野来展现人类的共同命运。本书译者力求在保留原著学术严谨性的基础上，融入当代研究者对历史连续性与断裂性、局部性与全球性交织影响的新认识。在全球化浪潮的背后，各种局部冲突与全球性议题紧密交织，我们比以往任何

时候都更需要检视历史中的跨文化对话并进行历史反思。希望
《巴尔干战争（1912—1913）》中文版的问世，能够为中文读者
提供一个全新的跨时空视角，帮助读者超越国别局限，从全球视
角重新审视战争与和平，进而为当代诸多国际问题的解决提供启
示，指引前路。

肖文超

2025 年 3 月 5 日凌晨写于曲园

第二版序言

国际社会对 1912—1913 年巴尔干战争的兴趣，已经超出了本书出版商的预期。首版于五个月前问世，现已脱销，因此第二版的出版势在必行。在此期间，一场被普遍视为有史以来规模最大的战争①已经爆发并正在进行中——这场战争已经波及了六大强国中的五个，以及欧洲的三个较小国家，还有日本和土耳其，而且随时可能将欧洲、亚洲和非洲的其他国家卷入其中，这些国家已然处于军事行动的范围之内。

这场多国参与的战争，其根源在于巴尔干地区的局势。这场战争始于 1914 年 7 月 28 日，当时奥匈帝国宣布，从那一刻起，它与塞尔维亚处于战争状态。这一声明的根本原因，正如在致塞尔维亚的照会或最后通牒中所阐述的，是指控塞尔维亚当局鼓励

---

① 指第一次世界大战，参战双方为以德国、奥匈帝国为首的同盟国和以英国、法国、俄国为首的协约国。——译者注

了泛塞尔维亚主义的煽动行为，严重威胁了奥匈帝国的领土完整，并且已经导致奥匈帝国王储在萨拉热窝遇刺。

任何近距离观察 1912—1913 年巴尔干战争的人都不可能忽视俄国与奥匈帝国这两大巨头的对峙——它们始终在幕后若隐若现，偶尔也会走到台前。本书在多处（尤其是结尾部分）已提及这一现象。

1912—1913 年巴尔干战争的结果无疑对俄国有利。通过持续的外交支持，俄国保持了与希腊、黑山和塞尔维亚的友谊，并赢得了它们的感激。同时，通过支持罗马尼亚在巴尔干同盟国家对抗土耳其的战争期间因善意中立而提出的领土补偿要求（尽管这种支持来得较晚），俄国赢得了这个迄今为止被视为三国同盟（德国、奥匈帝国、意大利）不可动摇的东方前哨的巴尔干主要强国的友谊。然而，尽管俄国取得了胜利，但并未获得所计划和希望的一切。俄国通过《布加勒斯特条约》①取得的胜利，恰恰证明了它对保加利亚影响力的丧失。保加利亚这个斯拉夫国家在对抗土耳其的战争后，受到了奥匈帝国的影响，后者无疑煽动了保加利亚与塞尔维亚及其在对土战争中的其他伙伴之间的冲突。俄国未能阻止巴尔干同盟国家（保加利亚、塞尔维亚、希腊和黑山）之间的第二次巴尔干战争。1913 年 6 月 9 日，俄国沙皇以泛斯拉夫主义的名义召集保加利亚沙皇和塞尔维亚国王，要求他们

---

① 1913 年 8 月 10 日罗马尼亚、希腊、塞尔维亚、黑山和保加利亚签订的条约，标志着第二次巴尔干战争的结束。——译者注

将争端交给他来裁决，但这并没有产生预期的效果，而这种俄国在巴尔干事务中的"霸权假设"极大地激怒了奥匈帝国。不过，俄国沙皇的这一行动向全世界明确宣告并证明了俄国将巴尔干的斯拉夫国家视为其特别关注和保护的对象。

第一次巴尔干战争——即巴尔干同盟国家对抗土耳其的战争——以一种令全世界惊讶的方式结束。所有人都预期土耳其会获胜。虽然人们普遍认为土耳其终有一天会被逐出欧洲，但同样坚定的信念是，执行这一驱逐任务的将是大国或某些大国。除了俄国政府，没有人想象到巴尔干这些独立的小国家自己竟能胜任这一任务。当俄国为巴尔干国家的胜利及其伊斯兰邻国的失败而欢欣鼓舞时，奥匈帝国不仅感到惊讶，而且带着失望和懊恼旁观这一切。

奥匈帝国政府当时的外交政策基于一个假设，即巴尔干国家将被土耳其击败。它一贯的政策，一方面是保持塞尔维亚王国的小而弱，另一方面则是扩大其在亚得里亚海的领土，并通过新帕扎尔（Novi Bazar）①、马其顿向萨洛尼卡（Saloniki）②和爱琴海推进。一旦时机成熟，奥匈帝国便在不引发欧洲战争的情况下从土耳其苏丹那里获得这一让步。1908 年，似乎采取第一步行动的有利时机已经到来，奥匈帝国政府于是提出了一个连接波斯尼亚和马其顿铁路系统的计划。然而，该计划唯一的结果是结束

---

① 塞尔维亚西南部城市。——译者注
② 今希腊北部港市塞萨洛尼基（Thessaloniki）。——译者注

了奥匈帝国和俄国政府之间多年来在迫使奥斯曼帝国在马其顿实施改革方面的合作。

如今，1912—1913 年巴尔干战争的结果是土耳其几乎被逐出欧洲。塞尔维亚及其姐妹国家黑山通过吞并那些位于奥匈帝国边境与爱琴海之间的土耳其领土而实现了领土的扩张。奥匈帝国的政策在各个方面都遭遇了挫折。

唯一可以归功于奥匈帝国外交部的成就，是塞尔维亚被挤出了亚得里亚海地区，以及独立国家阿尔巴尼亚的建立。这是奥匈帝国外交部长贝希托尔德伯爵（Count Berchtold）的成绩。然而，阿尔巴尼亚这个新国家从一开始就像一座火药库，自威廉·维德①亲王拒绝担任国家元首后，本就无力的阿尔巴尼亚政府陷入了混乱。邻国的干预势在必行。就在上个月，阿尔巴尼亚的南部——即北伊庇鲁斯（Northern Epirus）——被希腊军队占领，目的是结束那里长期以来的血腥的无政府状态。这一行动对于本书的读者来说并不意外。希腊政府宣称，这次占领或者说重新占领是临时性的，并且显然得到了所有大国的认可。在阿尔巴尼亚的其他地区，类似的干预也将是必要的，以建立秩序，不分种族、部落或信仰

---

① 威廉·维德（Wilhelm of Wied，1876-1945），原名威廉·弗里德里希·海因里希（Wilhelm Friedrich Heinrich），出身普鲁士王室，原为德国军官。1913 年 7 月 29 日，英、奥、法、德、意、俄六国大使在伦敦开会，承认阿尔巴尼亚是独立国家，并指定威廉·维德作为国家元首组织阿尔巴尼亚政府。维德本人在 1913 年 3 月受到邀请时拒绝了这一提议，直到 1913 年 11 月才予以接受。此后，由于大国无法就阿尔巴尼亚公国的组织问题达成一致，维德的上任被推迟。——译者注

地保护居民的生命和财产。若非在大国的压力下，尤其是在奥匈帝国的鼓动下被迫撤军，塞尔维亚或许本可以治理阿尔巴尼亚这个国家。塞尔维亚被挤出亚得里亚海之后又向爱琴海扩张，结果是将保加利亚挤出了中马其顿——该地区被希腊和塞尔维亚吞并。这种安排可能会让塞尔维亚感到满意，因为它由此在萨洛尼卡获得了出海口。奥匈帝国对塞尔维亚宣战，在某种程度上可以被视为一种努力，旨在消除塞尔维亚从1912—1913年巴尔干战争中直接获得的巨大利益，以及俄国在其中间接获得的利益。俄国会支持塞尔维亚，这一点如同任何未来的政治事件一样容易预见。一旦各自的盟友之间爆发战争，德国和法国的行动也理所当然地随之而来。如果奥德同盟在这场多国参与的战争中获胜，它们无疑将控制亚得里亚海东部，并为自己开辟通往爱琴海的道路。事实上，在这种情况下，德国的贸易和政治影响力将毫无阻碍地从北海扩展到波斯湾和印度洋。土耳其是德奥的朋友和盟友，但即使土耳其是敌对方，它也没有力量抵抗这两个强大的战胜国。如果俄国失败了，巴尔干国家也将被迫承认日耳曼人的霸权。

此外，如果巴尔干同盟国家在这场多国参与的战争中取得胜利，塞尔维亚甚至罗马尼亚将被允许吞并其同胞在奥匈帝国内占据的省份，而塞尔维亚向亚得里亚海的扩张也将得到保障。巴尔干国家几乎不可避免地会落入俄国的控制之下。俄国将成为君士坦丁堡的主人，并通过博斯普鲁斯海峡、马尔马拉海和达达尼尔海峡获得通往地中海的自由通道。

尽管巴尔干人民自己可能并不愿意，但他们的命运再次被战争的结局所决定。因此，不难想象，某些甚至所有这些国家都可能被卷入当前这场规模空前的冲突中。1912—1913 年，在第一次巴尔干战争中，保加利亚、希腊、黑山和塞尔维亚结盟对抗土耳其；而在第二次巴尔干战争中，希腊、黑山和塞尔维亚与罗马尼亚联手对抗保加利亚，保加利亚还同时遭到土耳其的单独进攻。1914 年或 1915 年可能发生的事情，谁也无法预料。但是，如果这场已经席卷欧洲、震撼所有大陆并动荡全球所有海洋的可怕大火蔓延到巴尔干，那么可以大胆猜测，希腊、黑山、塞尔维亚和罗马尼亚将站在巴尔干同盟国家一方，而保加利亚如果不被奥匈帝国和德国明显会获胜的想法所左右，将会保持中立——除非其他巴尔干国家能够把它拉拢过来。这并非完全不可能，前提是这些国家能够展现出超乎寻常的政治智慧，承认保加利亚对马其顿部分地区的领土主张——在这些地区，保加利亚人占据主导地位，但根据《布加勒斯特条约》，这些地区已经被割让给了保加利亚的竞争对手。

然而，我已经说得够多了，这足以表明这场令文明世界陷入动荡的可怕灾难，无论在其起源还是结果上，都与 1912—1913 年的巴尔干战争息息相关。我以这样的希望作为结尾：尽管本书在军事事务上着墨不多，且完全没有涉及暴行和屠杀，但它或许能为那些寻求了解这些历史斗争潜在的条件、原因和后果的读者提供一些帮助。本书已经获得的青睐及首版的迅速脱销，似乎为这一希望提供了一些依据。

雅各布·古尔德·舒尔曼

1914 年 11 月 26 日

目　录

导　言

　　1912—1913 年的巴尔干战争对欧洲版图的改变，对于 1914 年夏天以来一直肆虐的世界大战来说不仅是一个契机，也是一个原因，并且可能是导致这场大战的所有原因中最强有力，当然也是最紧迫的原因。

　　如果巴尔干同盟国家在战胜土耳其后没有出现内部分裂，如果 1913 年没有爆发第二次巴尔干战争，如果保加利亚、希腊、塞尔维亚和黑山通过联军从奥斯曼帝国手中夺取的土耳其省份能够通过外交或仲裁方式在胜利者之间公平分配，那么所有国家都将得到实质性的公正对待，没有国家会遭受屈辱。它们的克制与和谐也会赢得大国的认可。这些大国或许能够促使奥匈帝国默许塞尔维亚的必要扩张，以及希腊向萨洛尼卡和更远地区的扩张。

　　然而，第二次巴尔干战争的爆发使所有这些美好的前景化为泡影。挑起这场战争的保加利亚发现自己被敌人包围，不仅包括与它最近一起对抗土耳其的所有盟友，还包括土耳其本身，甚至还有在第一次巴尔干战争中保持中立的罗马尼亚。当然，保加利亚战败了，并遭受了可怕的惩罚。它被剥夺了刚从土耳其那里夺取的大部分领土，包括它取得辉煌胜利的那些战场；它原有的省份被分割；它向爱琴海的扩张受到严重阻碍，甚至几乎被完全阻断；而最痛苦、最悲剧的是，它对马其顿保加利亚人的救赎——这是它 1912 年对土耳其发动战争的主要目标和动机——因希腊和塞尔维亚吞并了从梅斯塔河（Mesta）到德林河（Drin）的马其顿领土而破灭。这片领土包括萨洛尼卡、卡瓦拉（Kavala）和莫纳斯提尔（Monastir）等大城市。这些城市在保加利亚的民族意识中早已被视为其"天命"中的固有地区。

本书的后半部分证明了挑起第二次巴尔干战争的责任在于保加利亚。然而，从保加利亚自身利益的角度来看，其政策似乎受到了某种外部力量的操控，并服务于某种隐秘的目的。不过，当时并没有确凿的证据。然而，即使在本书的第一版中，这种怀疑的暗示也已经清晰地表达出来。值得一提的是，这一版早于欧洲大战的爆发。例如，在第 103 页提出了这样的问题：

    我们是否必须假设，有理由怀疑奥匈帝国在煽动保加利亚发动战争？

同样，在第 108 页，关于萨沃夫①将军下令攻击希腊和塞尔维亚军队从而引发第二次巴尔干战争的命令，书中提出了这样的疑问：

> 萨沃夫将军是自行决定行动的吗？还是说，费迪南沙皇在与奥匈帝国外交部长进行长时间磋商后指示萨沃夫将军下达了命令，这一指控有事实依据？

本书付梓之际尚属臆测之事，今已铁证如山。意大利与俄国最高当局提供的证据，已为此论断一锤定音。

当第二次巴尔干战争爆发时，圣朱利亚诺（San Giuliano）是意大利外交部长。他最近公开了这样一个事实：在 1913 年夏天，奥匈帝国政府向意大利政府传达了其向塞尔维亚发动战争的意图，并根据三国同盟的条款要求意大利和德国予以合作。意大利政府拒绝了奥匈帝国强加的义务，并明确表示三国同盟与侵略战争无关。奥匈帝国当时没有对塞尔维亚宣战——可能是因为德国和意大利的劝阻——但考虑到其好战的态度，它迫切地推动保加利亚打击其共同对手的做法也就更加容易理解了。

这一结论得到了沙俄政府的证实。在 10 月 18 日对保加利亚

---

① 米哈伊尔·萨沃夫（Mihail Savov，1857-1928），保加利亚将军，两次担任保加利亚国防部长（1891—1894、1903—1907）。——译者注

宣战的声明中，包含以下段落：

> 巴尔干各民族在联合对抗其宿敌土耳其的战争中取得胜利，为保加利亚在斯拉夫大家庭中赢得了荣誉地位。但在奥匈帝国与德国的联合建议下，科堡亲王在违背俄国沙皇的建议且保加利亚政府不知情的情况下，于1913年6月29日调动保加利亚军队攻击塞尔维亚人。

"科堡亲王"当然指的就是保加利亚沙皇费迪南。在1913年6月29日那个决定性的星期天，他在奥匈帝国的影响下攻击了他的巴尔干盟友，这一点已经毋庸置疑。但是，无论从这一结论中得出什么其他推论，肯定都会使保加利亚发动第二次巴尔干战争的过程——尽管其道德性不变——看起来不那么糟糕和令人绝望。难道保加利亚的背后没有奥匈帝国吗？难道奥匈帝国当时没有告知它的盟友意大利，它打算向塞尔维亚发动战争吗？

然而，无论如何解释，1913年制造的战争导火线直到1914年7月28日才被点燃，当时奥匈帝国正式向塞尔维亚宣战。导火索是一个月前在萨拉热窝街头发生的奥匈帝国王储弗朗茨·斐迪南大公及其妻子霍恩贝格公爵夫人遇刺的事件。然而，导火索并非战争的原因。促使奥匈帝国在1914年夏天向塞尔维亚宣战的原因，是其对塞尔维亚因第一次巴尔干战争而获得领土扩张的不满，以及对塞尔维亚战胜土耳其后出现的泛塞尔维亚主义煽动和宣传的警觉。这些动机在塞尔维亚在第二次巴尔干战争中战胜保加利亚后进一步强化。自 1908 年 10 月以来，奥匈帝国与塞尔维亚的关系一直极度紧张，当时前者吞并了土耳其的波斯尼亚和黑塞哥维那省。① 根据《柏林条约》，自 1878 年以来，奥匈帝国一直管理着这些地区。波斯尼亚和黑塞哥维那的居民是塞族人，西部的达尔马提亚和北部的克罗地亚的居民也是塞族人，而奥匈帝国已经将这些地区纳入其统治之下。因此，新的吞并似乎是对塞尔维亚民族愿望的致命一击，并遭到了那些已经聚集在塞尔维亚王国并"被救赎"的人们的强烈愤慨。吞并的第二个灾难性后果是使塞尔维亚彻底成为内陆国家。达尔马提亚和黑塞哥维那的塞族人沿着亚得里亚海东海岸相当大一部分地区可以眺望大海，但塞尔维亚通过吞并波斯尼亚和黑塞哥维那的塞族省份成为海洋国家的夙愿如今彻底破灭。它抗议、呼吁、威胁，但由于德国支持奥匈帝国，并且俄国因日俄战争而仍然虚弱，它很快被迫屈服于更强大的势力。

在巴尔干同盟对抗土耳其的战争中，塞尔维亚再次试图抵达

① 12 世纪末，斯拉夫人建立独立的波斯尼亚公国。1448 年，贵族斯特凡·武克契奇（Stefan Vukčić）在波斯尼亚公国东南部的胡姆地区建立了统治，自立为"黑塞哥"（herceg，意为公爵），此即"黑塞哥维那"的由来。1463 年，波斯尼亚公国被奥斯曼帝国吞并。1482 年，黑塞哥维那被奥斯曼帝国吞并。1878 年第十次俄土战争后，英法德俄等欧洲强国和奥斯曼帝国签订了《柏林条约》。根据条约，原属奥斯曼帝国的罗马尼亚、塞尔维亚、黑山获得独立；保加利亚获得自治；波斯尼亚和黑塞哥维那划归奥匈帝国管理，但仍属于奥斯曼帝国。1908 年，波斯尼亚和黑塞哥维那正式被奥匈帝国占领。——译者注

亚得里亚海——这一次是经过阿尔巴尼亚。塞军穿越这个几乎难以通行的国家的山脉，并最终抵达都拉斯（Durazzo）[①]的海岸边。但在奥匈帝国的要求下，欧洲列强迫使塞尔维亚撤军；几周后，同样迫于压力，塞尔维亚不得不从围攻斯库台（Scutari）[②]的军事行动中撤出。随后，塞尔维亚将目光转向爱琴海，而第二次巴尔干战争为它提供了新的机会。《布加勒斯特条约》及与希腊的协定确保它通过萨洛尼卡获得了出海口。然而，这一安排对奥匈帝国来说，几乎与塞尔维亚早先通过吞并土耳其的波斯尼亚和黑塞哥维那省向亚得里亚海扩张的梦想一样令其难以接受。

事实上，如果我们以冷静和纯粹客观的态度来看待这一问题，就会发现塞尔维亚和塞族人与奥地利人、匈牙利人之间的理想、目标、政策和利益确实存在一种无法调和的矛盾。塞尔维亚王国的任何扩张、领土扩大、向海洋尤其是向亚得里亚海的延伸，以及其人民民族意识的增强，都涉及对奥匈帝国构成某种威胁。这是因为除了控制奥地利的德国人和控制匈牙利的匈牙利人，奥匈帝国还包含了数百万斯拉夫人，而南斯拉夫人与塞尔维亚王国的居民属于同一民族，语言也基本相同。此外，奥地利和匈牙利要到达其在亚得里亚海的出海口——的里雅斯特和阜姆（Fiume）[③]——必须穿过这些南斯拉夫人居住的领土。

---

① 阿尔巴尼亚西部城市，位于亚得里亚海沿岸。——译者注
② 阿尔巴尼亚西北部城市。——译者注
③ 今里耶卡（Rijeka），克罗地亚西北部城市。——译者注

因此，如果奥地利和匈牙利不想被封锁在内陆，它们必须不惜一切代价防止其南斯拉夫臣民被塞尔维亚王国吸收。泛塞尔维亚主义不仅威胁到奥匈帝国的完整性，还危及其在亚得里亚海的地位。因此，奥匈帝国对巴尔干政策中的核心特征包括：无情镇压其南斯拉夫臣民（克罗地亚、达尔马提亚、波斯尼亚和黑塞哥维那的居民）的民族愿望；警惕且嫉妒地反对塞尔维亚王国领土或资源的任何增加；以及坚定不移地决心阻止塞尔维亚向亚得里亚海的扩张。

1912—1913年巴尔干战争后诞生的新塞尔维亚，成为维也纳和布达佩斯的政治家们焦虑甚至警觉的对象。奥匈帝国内南斯拉夫人的种族和民族愿望，因其塞尔维亚同胞在对抗土耳其和保加利亚的战争中所取得的伟大胜利，以及这些胜利为独立的塞尔维亚王国带来的惊人的领土扩张而被激发和增强。这个更大的塞尔维亚是否会成为吸引波斯尼亚、黑塞哥维那、达尔马提亚和克罗地亚的斯拉夫同胞放弃效忠异族帝国的磁铁呢？维也纳的外交手段虽然成功地将塞尔维亚排除在亚得里亚海之外，但既未能阻止其领土扩张，也未能阻断其通往爱琴海的道路。

然而，获得亚得里亚海出海口要比获得爱琴海出海口更重要。但是，塞尔维亚通过从土耳其手中夺取的马其顿领土向南扩张，且这一行动在《布加勒斯特条约》中得到合法化，这使奥匈帝国通过新帕扎尔和马其顿向爱琴海扩张，以及以萨洛尼卡为基地，发展与整个近东和中东地区的有利可图的大规模贸易的梦想破灭了。

这些情况构成了一场民族悲剧。它们已经引发一场大规模国际战争，这是地球上迄今为止规模最大、最可怕的一场战争。

最后，或许值得注意的是1912—1913年巴尔干战争的参战国与当前世界大战中两大阵营之间的关系。

《伦敦条约》① 和《布加勒斯特条约》的宿命及列强的恐惧，驱使着巴尔干国家，并决定了它们的阵营。奥匈帝国对塞尔维亚的宣战，引发了当前的灾难，同时也将塞尔维亚和黑山划定为敌对方。德皇威廉二世与土耳其政府长期以来的良好关系，确保了德国及其盟友对土耳其的支持，土耳其也迅速宣布站在它们一边。对《布加勒斯特条约》所受伤害的复仇欲望，以及从其西部的斯拉夫姐妹国家那里获得领土扩张的前景，将保加利亚（同时也受到德军胜利的影响）拉入了土耳其一方的阵营，而土耳其正是保加利亚在1912—1913年两次巴尔干战争中的敌人。保加利亚的复仇机会很快到来。正是保加利亚军队与奥匈帝国和德国军队合作，横扫了塞尔维亚和黑山，并派遣军队越过本国边界，进入外国领土。如果战争的风云逆转，协约国在巴尔干地区占据上风，这些被驱逐的塞尔维亚和黑山军队在科孚岛休整、重组和重新装备后，今年夏天由法国和英国运送到萨洛尼卡，可能会乐于摧毁斯拉夫姐妹国家保加利亚的领土，而这完全符合巴尔干历史上分裂和自

---

① 1913年5月30日土耳其同巴尔干国家签订的条约，标志着第一次巴尔干战争的结束。——译者注

相残杀的精神。保加利亚、塞尔维亚和黑山的命运和未来，现在取决于欧洲大战的结果。土耳其也是如此，与此同时，俄国军队穿越高加索，通过亚美尼亚向美索不达米亚插入了危险的楔子。罗马尼亚迄今为止保持了它在第一次巴尔干战争中成功坚持的中立政策。考虑到它的地理位置，南有保加利亚，北有俄国，西有奥匈帝国，它在战争局势更加明确地倾向于某一方之前，无法安全地放弃这一政策。巴尔干战争中唯一剩下的国家是希腊，而希腊的处境虽然不像塞尔维亚那样悲惨，但对希腊这个国家和整个希腊民族来说，必定是极其屈辱的。

战争爆发时，韦尼泽洛斯①先生仍是希腊首相。他的政策是忠实履行两国间的条约，向塞尔维亚提供援助；保卫新希腊免受保加利亚的威胁，尽管他愿意在互惠的基础上向保加利亚作出一些让步；并在获得小亚细亚领土补偿的保证下，积极加入并与协约国合作。此外，康斯坦丁国王似乎认为，列强在巴尔干的战争实际上废除了希腊与塞尔维亚之间的条约，而且无论如何，希腊对德国及其盟友的抵抗都是徒劳的。国王的计划是明确保持中立，同时保持希腊军队的动员状态。希腊政府在这两种政策之间摇摆不定，犹豫不决；但最终国王得到了总参谋部的完全信任，

---

① 埃莱夫塞里奥斯·韦尼泽洛斯（Eleftherios Venizelos，1864-1936），希腊政治家、革命家，曾任希腊首相和总理（1910.10—1915.3、1915.8—1915.10、1917—1920、1924.1—1924.2、1928.7—1932.5、1932.6—1932.11、1933.1—1933.3）。——译者注

韦尼泽洛斯内阁被另一个支持希腊中立和军队动员政策的内阁所取代。

在当时的复杂情势下，这项政策想要成功实施可谓难如登天。每一方的交战者都希望获得特殊优待。国家在是否保持中立的问题上存在分歧。维持军队动员的费用对国家的财政造成了巨大压力，而现代希腊最伟大的政治家韦尼泽洛斯的观点和同情心，无论他在职与否，始终与获胜的"武士国王"，且无疑也与皇后——即德皇之妹——的观点和同情心背道而驰。这种不稳定的平衡状态无法长期持续。1916 年 5 月 26 日，保加利亚入侵希腊领土并占领了通往斯特鲁马河谷（Struma Valley）和东马其顿的一大要塞鲁佩尔堡（Fort Rupel），打破了这种平衡。拥有大量希腊人口的城市塞雷斯（Seres）和德拉马（Drama），甚至卡瓦拉现在都处于危险之中，希腊人民似乎对这一局势深感震动。韦尼泽洛斯在一篇报纸文章中痛苦地问道：

谁能料到希腊军队竟会目睹保加利亚国旗取代希腊国旗？难道我们维持军事动员，就是为了承受这般屈辱吗？

然而，尽管希腊已遭保加利亚入侵（此举得到德国支持，但德方已作出书面承诺，将恢复希腊当前被占领土之完整），希腊的主权还因英国、法国和俄国的干预而遭受了另一次严重打击。

根据《伦敦议定书》，这三国是希腊王国的保护国。这些国家要求希腊政府立即完全解除军队的动员，以另一个内阁取代现内阁，保证对协约国持善意中立态度，立即解散议会并举行新选举，还要撤换某些令协约国使团不满的政府官员。来自雅典的 6 月 21 日的声明宣布，希腊在协约国海军封锁的威胁下，已屈服于这些要求。希腊被保护国羞辱，其领土被保加利亚占领；塞尔维亚和黑山被德国、奥匈帝国与保加利亚军队侵占；罗马尼亚在观望哪一方最终会获胜；保加利亚在同盟国的庇护下洋洋得意，但成为所有协约国尤其是俄国的仇恨对象。在此混沌局势下，任何人若拒绝预测欧洲列强在巴尔干的角力将走向何方，都情有可原。幸运的是，这种预测在关于 1912—1913 年巴尔干战争的记述中也并不存在。

如今，巴尔干国家已成为大国的棋子，而这些大国对目前巴尔干地区令人遗憾的状况负有直接责任。然而，从更深层次的意义上说，巴尔干国家当前的悲剧处境是它们自身"政治罪孽"的报应。这些"罪孽"是所有不成熟的政治共同体的通病。即使是最文明的国家，也可能暂时陷入其中，然后文明便会倒退回野蛮状态，正如当今欧洲的可怕状况所证明的那样。但欧洲所患的急性病在巴尔干地区却是一种慢性病。在那里，人性的原始本能从未在教授和平的政治生活和经验的学校中得到彻底的规范和约束。巴尔干民族的国民行为准则似乎是"各人自扫门前雪，莫管他人瓦上霜"。纷争与分裂的精神主宰了他们；他们被不受控制的民族自私和贪婪的本能所支配。第二次巴尔干战争，从其起源、过程到结局，都是这些原始而可憎的激情赤裸裸的展示。

世界历史，同时也是世界的最高法庭证明，任何国家都不能恣意忽视其他国家的权利，或否认共同利益的理想，或蔑视政治共同体实现这一理想的正义规则——公平、节制以及充满希望和不懈和解的精神。在 1912 年对土耳其的战争中，巴尔干国家有史以来第一次放下了彼此间的对立，为一项共同的事业而合作。这种团结与和谐至少标志着政治智慧的开端。如果任何政策曾经被证明是正确的，那么这一政策的结果以其出乎意料和辉煌的成就得到了验证。

我对巴尔干国家的希望是，它们能够回到这条它们 1913 年过于轻易就偏离了的道路上。它们必须学会在维护自身利益和增进自身福祉的同时，认真尊重他国的权利和正当诉求，并以相互信任和善意的精神明智地合作，谋求共同利益。这一既明智又合理的崇高政策，在很大程度上体现在韦尼泽洛斯、帕希奇①和格绍夫②的领导中。只要有具有远见的领导者，人民最终会跟随他。愿欧洲战争的最终解决不会为所有巴尔干国家正常的政治发展设

---

① 尼科拉·帕希奇（Nikola Pašić, 1845-1926），塞尔维亚政治家，曾任塞尔维亚王国首相（1891—1892、1904—1905、1906—1908、1909—1911、1912—1918、1921.1—1924.7、1924.11—1926.4）。——译者注

② 伊万·格绍夫（Ivan Geshov, 1849-1924），保加利亚政治家，曾任保加利亚王国首相（1911—1913）。——译者注

置不必要的障碍！

雅各布·古尔德·舒尔曼

康奈尔大学校长办公室

1916 年 7 月 13 日

附　言

我在前面的导言中提到，罗马尼亚在战争局势更加明确地倾向于某一方之前，不会放弃其中立立场。那是在七周前写的。在最近几天，罗马尼亚已加入协约国，并对奥匈帝国宣战。我还指出，希腊康斯坦丁[①]国王派与韦尼泽洛斯派之间维持的不稳定平衡已经被打破，且对前者不利。罗马尼亚加入协约国的事业，必将加速这一趋势。如果希腊在任何一天效仿罗马尼亚，也不足为奇。如果希腊在 1914 年支持韦尼泽洛斯并加入协约国，罗马尼亚很可能在当时也会采取同样的行动。但康斯坦丁国王的反对直接拖延了希腊的这一结局，并间接影响了罗马尼亚。既然罗马尼亚已与协约国共命运，而希腊也可能随时效仿，请允许我引用我在 1914 年 11 月 26 日为本书第二版撰写的序言中所作的预测：

[①]　即康斯坦丁一世（Constantine Ⅰ，1868-1923），希腊国王，1913—1917 年和 1920—1922 年在位。1912 年，作为王储的康斯坦丁担任希腊陆军总司令参加了第一次巴尔干战争。——译者注

　　如果这场已经席卷欧洲、震憾所有大陆并动荡全球所有海洋的可怕大火蔓延到巴尔干，那么可以大胆猜测，希腊、黑山、塞尔维亚和罗马尼亚将站在巴尔干同盟国家一方，而保加利亚如果不被奥匈帝国和德国明显会获胜的想法所左右，将会保持中立。

雅各布·古尔德·舒尔曼

1916 年 9 月 1 日

第一章

奥斯曼土耳其与巴尔干国家

将土耳其人驱逐出欧洲的命运早已注定。唯一不确定的只是这一命运到来的时间和执行者。

欧洲的土耳其帝国

土耳其人——一支来自东方的游牧小部落，在两代人的时间里便占领了小亚细亚西北角的全部地区，并在博斯普鲁斯海峡的东岸站稳了脚跟。1326 年，伟大的布尔萨城（Brusa）① ——如今其树林中掩映着庄严美丽的清真寺和苏丹陵墓——向第一位苏丹的儿

---

① 今土耳其西北部城市。拜占廷帝国统治时期是一军事要地。1326 年成为奥斯曼帝国的第一座首都，也是宗教和文化中心。——译者注

子奥尔汗① 投降；1330 年，希腊教会的摇篮和希腊帝国（Greek Empire)② 的临时首都尼西亚（Nicaea）也陷落了。在博斯普鲁斯海峡的另一边，奥尔汗可以看到君士坦丁堡的圆顶和宫殿，然而这座城市仍是拜占庭帝国的首都，直到又一个世纪之后。

土耳其人跨过达达尼尔海峡，并在一次地震的帮助下，于 1358 年越过倒塌的城墙和防御工事进入加利波利（Gallipoli)③。1361 年，阿德里安堡（Adrianople)④ 向奥尔汗的儿子穆拉德一世⑤ 臣服。穆拉德一世的统治很快在色雷斯和马其顿得到承认，他也注定会带领胜利的奥斯曼军队向北推进至多瑙河。

然而，尽管腐败衰落的拜占庭帝国的省份落入土耳其人之手，斯拉夫人仍不屈服。塞尔维亚的拉扎尔⑥向穆拉德发起了挑战。1389 年，在科索沃的战场上，双方军队相遇——穆拉德得到了他在亚洲

---

① 奥尔汗（Orkhan，1288-1360），奥斯曼帝国开国苏丹奥斯曼一世（Osman I，1258-1326）之子，1324—1360 年在位。他统治期间奥斯曼帝国开始向巴尔干半岛扩张。——译者注

② 1204 年，君士坦丁堡在第四次十字军东征中被攻陷，拜占庭皇帝遂将首都设在附近的尼西亚，这一流亡政权也被称为尼西亚帝国。1261 年，尼西亚军队收复君士坦丁堡，光复了拜占廷帝国。——译者注

③ 即加利波利半岛，位于达达尼尔海峡靠近欧洲的一边。——译者注

④ 今土耳其西北部城市埃迪尔内（Edirne）。——译者注

⑤ 穆拉德一世（Murad I，1326-1389），奥斯曼帝国苏丹，1360—1389 年在位。——译者注

⑥ 塞尔维亚的拉扎尔（Lazar the Serb，1329-1389），塞尔维亚亲王，1371 年成为塞尔维亚的实际统治者，1389 年在科索沃战役中被土耳其军队俘虏后遭杀害。——译者注

和欧洲的附庸国家及盟友的支持，而拉扎尔则率领着由塞族人、波斯尼亚人、阿尔巴尼亚人、波兰人、匈牙利人和瓦拉几亚人组成的强大军队。世界上很少有战役能像科索沃战役这样产生如此深远而持久的影响。在这场战役中，基督教国家在长期的顽强抵抗后，最终被穆斯林击败。塞尔维亚人至今仍在吟唱民谣，为他们的巨大灾难披上一道悲情的浪漫光环。5个多世纪后，黑山人仍在他们的帽子上佩戴黑色，以哀悼那个悲惨的日子。

在接下来的两个世纪里，奥斯曼帝国继续迈向其辉煌的顶峰。1453年，穆罕默德二世①征服了君士坦丁堡。1529年，苏莱曼大帝②兵临维也纳城下。苏莱曼的统治标志着奥斯曼帝国历史的巅峰。土耳其人已成为中欧的一支强大力量，占领了匈牙利并威胁奥地利。苏莱曼的领土从麦加延伸到布达佩斯，从巴格达延伸到阿尔及尔。他掌控着地中海、黑海和红海，他的海军威胁着印度和西班牙的海岸。

然而，土耳其人的征服纯粹是军事性的。土耳其人对自己的臣民毫无贡献，反而以轻蔑的态度对待他们，只想获得贡品和进行掠夺。由于土耳其人在数量上始终少于其统治下的各族人民的总和，他们的一贯政策是保持这些民族的分裂——分而治之。煽动臣民之

---

① 穆罕默德二世（Muhammad Ⅱ，1432-1481），奥斯曼帝国苏丹，1444—1446年和1451—1481年在位。1453年他率军攻陷君士坦丁堡，灭亡拜占庭帝国，由此获得"法提赫"（Conqueror，意为"征服者"）的称号。——译者注

② 苏莱曼大帝（Suleyman the Magnificent，1494-1566），即苏莱曼一世，奥斯曼帝国苏丹，1520—1566年在位。——译者注

间的种族和宗教分歧，是为了永久维持统治者的地位。在土耳其人看来，政府的全部任务就是从被征服者那里收取贡品，并通过挑拨他们之间的矛盾来维持对他们的统治。

然而，苏莱曼时代之后，土耳其统治者的素质迅速下降，军队的素质和效率也随之下降。俄国的崛起以及匈牙利、波兰和奥地利的复兴，对仅靠军事统治维持的外来且令人憎恶的奥斯曼帝国造成了致命性打击。到 17 世纪末，土耳其人已被驱逐出奥地利、匈牙利、特兰西瓦尼亚（Transylvania）和波多利亚（Podolia），其帝国的北部边界被固定为喀尔巴阡山脉、多瑙河和萨瓦河。奥斯曼帝国进一步衰退的显著和迅速程度，可以从 18 世纪奥地利和俄国两次讨论瓜分其领土的计划中窥见一斑。然而，土耳其领土不可避免的解体并未给任何大国带来荣耀，尽管俄国确实为削弱这一共同敌人作出了贡献。奥斯曼帝国的衰落和缩小贯穿了整个 19 世纪。然而，真正发生的是被统治省份的起义，以及从土耳其欧洲领土上诞生的独立国家：希腊、塞尔维亚、罗马尼亚和保加利亚。正是保加利亚人、希腊人和塞尔维亚人，在黑山人的积极协助和罗马尼亚人的善意中立下，在 1912—1913 年的战争中，将土耳其人驱逐出欧洲，只给他们留下了君士坦丁堡城和一条以查塔尔贾防线（Chataldja Line）为界的狭长领土。

早期的斯拉夫帝国

奥斯曼帝国欧洲领土的丧失是由巴尔干国家亲手实现的。这一事实具有历史的公正性。因为在这些世纪里，这些民族在奥斯曼帝国的偏执、治理不善、压迫和残酷统治下被完全湮没，甚至他们的民族意识也被抹杀。

没有任何国家比保加利亚遭受的苦难更严重，因为它最接近穆斯林征服者的首都。然而，早在奥斯曼帝国在欧洲或亚洲存在之前，保加利亚就曾有过一段辉煌但曲折的历史。自他们的君主鲍里斯①于公元864年接受基督教以来，保加利亚人在与拜占庭帝国的持续冲突中取得了迅速而显著的进展。保加利亚教会被君士坦丁堡的希腊牧首（patriarch）承认为独立教会；其主教后来获得了牧首的头衔，其教区最初设在普雷斯拉夫（Preslav），随后向西迁移至索非亚（Sofia）、沃德纳（Vodena）、普雷斯帕（Presba），最后是奥赫里德（Ochrida），而在奥赫里德可以眺望阿尔巴尼亚的山脉。吉本②称，在鲍里斯的儿子西梅昂沙皇的统治下，"保加利亚在地球上的文明国家中占据了一席之地"。西梅昂的领土从黑海延伸到亚得里亚海，包

---

① 鲍里斯一世（Boris Ⅰ，825-907），保加利亚王国大公，852—889年在位。——译者注

② 爱德华·吉本（Edward Gibbon，1737-1794），英国历史学家，18世纪欧洲启蒙时代史学的卓越代表，著有《罗马帝国衰亡史》（1766—1788）。——译者注

括马其顿、希腊、阿尔巴尼亚、塞尔维亚和达尔马提亚的大部分地区；仅留给拜占庭帝国君士坦丁堡、萨洛尼卡和阿德里安堡及其周边地区。第一保加利亚王国寿命短暂，① 尽管西部在萨穆埃尔②的统治下保持独立，并以奥赫里德为首都，从977年统治到1014年。4年后，拜占庭皇帝巴西尔二世③摧毁了萨穆埃尔的势力。保加利亚人民在接下来的150年里一直臣服于君士坦丁堡的统治。1186年，在阿森兄弟的领导下，他们重新获得了独立。沙皇伊凡·阿森二世（Iven Asen Ⅱ，1218—1240年在位）的统治是保加利亚历史上最繁荣的时期。他恢复了西梅昂的帝国，并自豪地宣称他只给拜占庭人留下了君士坦丁堡及其周边城市。他鼓励商业，发展艺术和文学，建立并资助教堂和修道院，并用美丽而宏伟的建筑装饰他的首都特尔诺沃（Trnovo）。阿森二世之后，保加利亚进入了一个衰退期，最终在1330年惨败于塞尔维亚人。巴尔干基督教民族的内讧为穆斯林入侵者的扩张提供了便利。1389年，土耳其人在科索沃战场上击败了塞族人及其盟友。4年后，他们攻陷并烧毁了保加利亚首都特尔诺沃。保加利亚沙皇希什曼（Shishman）本人也在这次灾难中默默无闻地死去。保加利亚在土耳其的统治下度过了5个世纪，我们自己在过

---

① 681年，色雷斯人、斯拉夫人和古保加利亚人在多瑙河流域建立斯拉夫保加利亚王国，史称第一保加利亚王国。1018年，第一保加利亚王国被拜占庭占领。1185年，保加利亚人建立第二保加利亚王国。1396年，第二保加利亚王国被奥斯曼帝国吞并。——译者注

② 萨穆埃尔（Samuel，946-1014），保加利亚沙皇，997—1014年在位。——译者注

③ 巴西尔二世（Basil Ⅱ，958-1025），962—1025年在位。——译者注

去的 35 年中见证了它的解放。

　　塞族人的命运与保加利亚人的命运只在程度上有所不同。塞族人在 9 世纪中叶皈依基督教，其大部分人口直到 12 世纪仍处于保加利亚或拜占庭的统治之下。斯特凡·内马尼亚（Stephen Nemanyo）[①]则将黑塞哥维那、黑山和现代塞尔维亚及旧塞尔维亚的部分地区纳入他的统治，并在 1195 年退位后支持他的儿子[②]建立了一个统治塞尔维亚人民两个世纪的王朝。这个王朝中最杰出的人物是斯特凡·杜尚（Stephen Dushan），他从 1331 年统治到 1355 年。他从拜占庭皇帝手中夺取了整个巴尔干半岛，并从匈牙利国王手中夺取了贝尔格莱德、波斯尼亚和黑塞哥维那。他鼓励文学，为他的国家制定了一部极为先进的法律，并保护了教会，将其领袖佩奇大主教（Archbishop of Ipek）提升为牧首。1346 年复活节之际，他在乌斯库布（Uskub）[③]加冕为"希腊人和塞尔维亚人的皇帝"。几年后，他发起了一项事业，如果成功，可能会改变欧洲历史的进程。这项事业就是攻占君士坦丁堡，并将塞族人、保加利亚人和希腊人联合成一个帝国，以抵御伊斯兰教崛起的势力。杜尚距离他的目标只有 40 英里，当时他率领 8 万大军出征，却在 1355 年 12 月 20 日突然在军营中去世。34

---

　　① 即斯特凡·内马尼亚一世（Stefan Nemanja Ⅰ，1113–1200），中世纪塞尔维亚领主，塞尔维亚国家和内马尼亚王朝的创立者，1168 年统一塞尔维亚全境。——译者注

　　② 即斯特凡·内马尼亚二世（Stefan Nemanja Ⅱ，1165–1228），1217 年建立塞尔维亚王国。——译者注

　　③ 现北马其顿首都斯科普里。——译者注

年后，杜尚的同胞在科索沃被土耳其人彻底击败！除了勇敢的黑山山民，巴尔干半岛的所有斯拉夫民族都沦为了土耳其人的臣民。他们在土耳其人的统治下一直生活到 19 世纪。

土耳其对斯拉夫人的压迫

要全面叙述土耳其在这些巴尔干基督教国家的恐怖统治，是几乎不可能的。这些国家的人民甚至被剥夺了担任最低官职的资格。他们在外来统治者的压迫下完全无助，在难以忍受的税收和掠夺下被压垮。最残酷的行为是向 10—12 岁信仰基督教的儿童征收贡品，这些儿童被送往君士坦丁堡，以补充禁卫军的队伍。为了保护妻子和孩子的安全以及维护自身的利益，波斯尼亚的贵族和保加利亚东南部的波马克人（Pomaks）接受了征服者的信仰，这并不令人意外；然而，令人惊叹的是，保加利亚人民作为一个整体，始终忠于他们的基督教信仰，即使这意味着他们世世代代将承受日常的殉道之苦。随着土耳其在 1683 年围攻维也纳失败后势力衰落，保加利亚人的命运变得更加悲惨。起初，土耳其军队在前往奥地利的途中蹂躏了保加利亚；后来，被解散的士兵无视土耳其当局的命令，掠夺了这个国家并犯下了难以言表的暴行。塞尔维亚因其偏远的地理位置而受到一定程度的保护，但这种情况也引发了禁卫军的抵抗，他们拒绝服从当地的土耳其总督，沉迷于抢劫、掠夺和屠杀。

被统治民族的民族精神被彻底摧毁。塞尔维亚人和保加利亚人在三四个世纪里完全失去了对祖国的意识。西梅昂和杜尚的同胞们变成了他们外国主人的伐木工和挑水夫。塞尔维亚和保加利亚几乎消失了。直到 1834 年，金莱克（Kinglake）① 从贝尔格莱德前往君士坦丁堡的旅途中，必定是直接穿越了保加利亚。然而，在他描述其旅行见闻的《东方》（Eothen）中，他却从未提及这个国家或其人民。

不难理解，这段充满土耳其暴行的历史已经深深烙印在当今复兴的塞尔维亚和保加利亚人民的心中与灵魂里。但是，与这些民族的无情毁灭和长期埋没相关的另一种情况，却让外国人——甚至是最睿智的外国人——难以理解，或者说难以完全领会其深远意义。然而，这一情况所引发的情感，以及它至今仍在滋养的情绪，在当代巴尔干政治中扮演着与基督教民族对昔日穆斯林压迫者的敌意同样重要的角色。

① 亚历山大·威廉·金莱克（Alexander William Kinglake，1809-1891），英国旅行作家、历史学家，毕业于英国贵族中学伊顿公学（Eton College）和剑桥大学三一学院。金莱克 1834 年进行了黎凡特之旅，1844 年出版《东方》（Eothen）一书。Eothen 为希腊语，意指太阳升起或向往东方。该书再版时副标题为《从东方带回的旅行踪迹》（Traces of Travel Brought Home from the East）。金莱克的其他著名作品有关于克里米亚战争的八卷本《克里米亚的入侵：它的起源及拉格伦勋爵去世前其进展的说明》（The Invasion of the Crimea：Its Origin，and an Account of Its Progress Down to the Death of Lord Raglan，1863-1887）。——译者注

希腊教会对斯拉夫人的统治

我指的是希腊人在土耳其统治下所占据的特殊而优越的地位。尽管穆斯林已经控制了从博斯普鲁斯海峡到多瑙河的希腊帝国，但希腊的统治仍然作为一种知识、教会和商业方面的力量而存在。我们必须进一步探讨这种霸权的性质及其影响，以及它对其他巴尔干民族命运所产生的结果。

土耳其政府不是基于民族，而是基于宗教来划分其臣民。一个同质的宗教群体被称为"米勒特"（millet）① 或"民族"。因此，穆斯林组成了伊斯兰米勒特。目前，还有希腊米勒特、天主教米勒特和犹太米勒特等。但从被奥斯曼人征服的最初日子到最近，所有基督教人口，无论教派差异如何，都被苏丹划归希腊米勒特，君士坦丁堡牧首是其首领。这个米勒特的成员都被称为希腊人；主教和高级神职人员完全是希腊人；他们的教堂和学校中使用的语言是希腊语，这也是文学、商业领域和上流社会中使用的语言。但是，牧首的管辖权不仅限于教会和教育事务。它还包括相当一部分民法——特

---

① 米勒特，原意为"宗派""民族"，指奥斯曼帝国内非穆斯林的宗教自治团体。各米勒特依据其法律来组织，并由一名宗教领袖进行领导。宗教领袖对中央政府负责，履行该米勒特的职责和义务，特别是纳税和维护内部治安的职责。1453年穆罕默德二世率军攻入君士坦丁堡后，为实现各民族共处而创设了米勒特制，其是帝国内部实施宗教宽容政策的表现。——译者注

别是涉及基督徒的结婚、离婚和继承问题。

显然，君士坦丁堡的希腊籍牧首在土耳其信仰基督教的臣民面前拥有巨大的权力，这使他能够进行希腊化宣传。3个世纪以来，塞尔维亚和保加利亚民族意识的弱化，不只是入侵的土耳其人造成的；希腊主教和神职人员在教堂和学校中的统治，对当地的民族语言和文化造成了更严重的破坏。如果金莱克在1834年对保加利亚一无所知，那是因为该国每个受过教育的人都称自己为希腊人。因为怎样强调都不为过的是，直到最近，所有基督徒，无论民族或教派，都被土耳其官方认定为希腊米勒特的成员，因此被称为希腊人。

巴尔干地区的斯拉夫民族——尤其是保加利亚人——对希腊人的敌意，源于希腊籍神职人员和主教长期以来对他们的教会和教育的无情统治。当然，土耳其苏丹应该对这种安排负责。但没有证据表明，土耳其苏丹除了想摆脱这些麻烦的管理任务，还有任何其他意图。除此之外，他们对希腊人和斯拉夫人同样蔑视。但是，希腊人很快认识到他们在"教会霸权"中的种族优势。不进行斗争而放弃这种优势，则是违背人性的。牧首保留了对所有东正教人口的专属管辖权，直到1870年苏丹发布法令建立了保加利亚督主教区（exarchate）。

在奥斯曼帝国中，希腊人的影响还在另外两个领域中占据主导地位。土耳其人是士兵和农民；希腊人则是杰出的商人，他们的能力使其在帝国的贸易中占据了不成比例的份额。此外，君士坦丁堡和其他大城市的希腊人逐渐赢得了土耳其人的信任，并获得了政治上的重要地位。在 18 世纪，帝国中最高级的官员通常都是"法纳尔人"（Phanariots）①，即居住在君士坦丁堡某片地区的希腊人。

在谈及希腊人时，我并未将现今希腊王国的居民纳入考虑范围。他们被土耳其人征服的程度与塞族人和保加利亚人一样彻底，尽管他们当然不受讲外语的外来神职人员的统治。如今，保加利亚人的敌意可能会施加在康斯坦丁国王的臣民身上，但将外国学校和教堂强加给保加利亚人的并非他们的祖先，而是君士坦丁堡和色雷斯的希腊人，而雅典政府从未对这些人行使过管辖权。

塞尔维亚的独立

许多巴尔干国家都处于土耳其人的统治下。它们的解放直到 19 世纪才到来。第一个摆脱枷锁的是塞尔维亚。1804 年 1 月，塞尔维亚人民利用奥斯曼帝国的混乱和无政府状态，集体起义反抗他们的压迫者。在卡拉乔尔杰·彼得罗维奇②和后来的米洛什·奥布雷诺维奇③的英明领导下，塞尔维亚的自治在 1817 年得以确立。1878

---

① 奥斯曼帝国时期在伊斯坦布尔担任重要神职及官职的东正教希腊裔居民（包括希腊化的罗马尼亚人和阿尔巴尼亚人）。他们是政府文官，又掌握着教会，是拥有权势的望族。——译者注

② 卡拉乔尔杰·彼得罗维奇（Karađorđe Petrović，1768-1817），又称卡拉乔治·彼得罗维奇，塞尔维亚农民革命家，1804 年建立卡拉乔尔杰王朝。——译者注

③ 米洛什·奥布雷诺维奇（Miloš Obrenović，1780-1860），塞尔维亚农民革命家，1815 年建立奥布雷诺维奇王朝。——译者注

年，《柏林条约》承认了该国的完全独立。然而，新国家的边界远未达到塞尔维亚的期望，因为其不包括大量的塞尔维亚人口。现代塞尔维亚的第一位统治者是米洛什·奥布雷诺维奇；随后的统治者要么属于奥布雷诺维奇王朝，要么属于其竞争对手卡拉乔尔杰王朝。1903 年登上王位的彼得国王是后一家族的成员。

希腊的独立

塞尔维亚刚刚获得自由，希腊独立战争就爆发了。1821 年，大主教格尔马诺斯（Germanos）号召摩里亚（Morea）① 的基督教民众在十字架下起义。此后三年，希腊人在欧洲的资金和志愿者（其中最著名的是拜伦勋爵②）的帮助下，成功对抗了土耳其军队；但1824 年苏丹召来埃及总督穆罕默德·阿里（Mehemet Ali）及其强大的舰队和训练有素的军队后，希腊爱国者赢得的桂冠又被压迫者夺回；随着 1827 年 5 月雅典被土耳其人重新占领，整个希腊再次处于土耳其的统治之下。列强现在认识到，只有干预才能拯救希腊，使其成为欧洲文明的一部分。1828 年 10 月，英国、法国和俄国的舰队

---

① 摩里亚，中世纪和近代早期对希腊南部伯罗奔尼撒半岛的称呼。——译者注

② 乔治·戈登·拜伦（George Gordon Byron，1788-1824），英国诗人，第六代拜伦勋爵。1823 年，他接受希腊独立运动代表的邀请前往希腊，投入希腊独立战争中。——译者注

在纳瓦里诺（Navarino）歼灭了埃及舰队。希腊被确立为一个独立的君主制国家，尽管承认其独立的列强以嫉妒和吝啬的态度划定了这个获得解放的国家的边界。巴伐利亚的奥托王子（Prince Otto）①被指定为希腊王国的首位国王，并统治了30年。1863年，乔治国王（King George）②继位，他见证了王国的北部边界推进到萨洛尼卡。1913年3月18日，就在他辉煌地完成了50年的统治之际，这位忠诚的"哨兵"在他的岗位上被一名刺客暗杀。

保加利亚的独立

在希腊独立的曙光出现之前，曾有过一场文学复兴。保加利亚是巴尔干国家中最后一个独立的，其民族复兴也受到文学和教育运动的推动。1835年，加布罗沃（Gabrovo）第一所保加利亚学校的建立无疑是其中最重要的事件。接下来的5年里，保加利亚建立了50多所学校，并设立了5家印刷厂。保加利亚人开始重新找到自己的民族身份。保加利亚的学校和书籍引发了对希腊文化及其维护者——希腊神职人员的抵制。希腊语不再成为保加利亚城市上层阶

---

① 即奥托一世（Otto I，1815-1867），原名巴伐利亚的奥托·弗里德里希·路德维希（Otto Friedrich Ludwig von Bayern）。1832年的伦敦和会上，英、法、俄等大国商定希腊成为独立的君主国，奥托王子被指定为近代希腊王国的首任国王。——译者注

② 即乔治一世（George I，1845-1913）。——译者注

级的语言；那些只会说保加利亚语的无知农民也不再称自己为希腊人。希腊牧首精神统治的日子已经屈指可数。希腊人在教会中的优势地位对保加利亚民族的压制甚至比土耳其人的世俗权力更为彻底。废除外国人的精神统治，恢复独立的保加利亚教会，成为文学改革者、教育家和爱国者的主要目标。这是一场漫长而艰巨的运动——在国内进行教育和启蒙，在君士坦丁堡进行呼吁和讨论。最终，苏丹介入并于 1870 年发布法令，建立了保加利亚督主教区，赋予其对 15 个教区的直接管辖权，并规定其他教区可通过三分之二基督徒人口的投票加入。新的保加利亚主教立即被希腊牧首开除教籍。但这是保加利亚民族发展中迈出的最重要的一步。

1876 年，保加利亚人起义反抗土耳其人。起义被残酷镇压，其残忍程度甚至在巴尔干地区也前所未见。成千上万的男女老少被屠杀，数十个村庄被摧毁。我清楚地记得格莱斯顿（Gladstone）① 对这些暴行的谴责如何激起了一股道德愤怒的浪潮，其席卷了整个英国，甚至激怒了欧洲国家的政府和民众。由于土耳其政府拒绝采取令人满意的改革措施，俄国对其宣战，俄军一直推进到君士坦丁堡城下。俄国随后强加给土耳其的《圣斯特凡诺条约》创建了一个"大保加利亚"（Big Bulgaria），其从黑海延伸到阿尔巴尼亚山脉，从多瑙河延伸到爱琴海，但将阿德里安堡、萨洛尼卡和哈尔基季基半

---

① 威廉·尤尔特·格莱斯顿（William Ewart Gladstone, 1809-1898），英国政治家，曾四次出任英国首相（1868—1874、1880—1885、1886、1892—1894），推行资产阶级自由主义政策。——译者注

岛（Chalcidician Peninsula）留给了土耳其。然而，列强担心"大保加利亚"会成为俄国的附庸，因此撕毁了这一条约，并以《柏林条约》取而代之。根据这一具有历史意义的条约，保加利亚的种族和民族愿望被彻底粉碎，其国家被限制为一个位于多瑙河和巴尔干山脉之间的"附庸公国"（tributary principality），南部的东鲁米利亚（Eastern Roumelia）被排除在外，成为土耳其的一个自治省。这一民族政治生活的裂痕在 1885 年通过东鲁米利亚与保加利亚的联合得以愈合。1908 年，当版图已扩张的保加利亚公国的统治者公开宣布该国为独立王国时，土耳其对其形式上的统治权彻底终结。尽管土耳其政府提出抗议，但列强立即承认了保加利亚的独立。

如果说保加利亚在《柏林条约》中获得的自由归功于外国人的剑与笔，那么它的完全独立则是它自己的成就。然而，这一独立直到《柏林条约》承认塞尔维亚、黑山和罗马尼亚的独立，并将波斯尼亚和黑塞哥维那的行政管理权委托给奥匈帝国之后的一代人才得以实现。尽管如此，保加利亚的进步——首先在亚历山大亲王（Prince Alexander）的领导下，尤其是自 1887 年以来在费迪南亲王（Prince Ferdinand，后来称王并最终成为沙皇）的领导下——仍然是现代欧洲历史上最令人惊叹的现象之一。

巴尔干国家

19 世纪以来，土耳其失去了其在巴尔干半岛的大部分领土。在多瑙河和萨瓦河以北，保加利亚和塞尔维亚成为独立王国，波斯尼亚和黑塞哥维那最初实际上并入并在后来正式并入奥匈帝国。在巴尔干半岛的最南端，希腊人建立了一个独立王国，其范围从马塔潘角（Cape Matapan）延伸到坦佩谷（Vale of Tempe）和阿尔塔湾（Gulf of Arta）。土耳其在欧洲的剩余领土是位于希腊和黑山、波斯尼亚、塞尔维亚及保加利亚等斯拉夫国家之间的地区。除了君士坦丁堡及其周边地区，土耳其政府将这片领土划分为六个省或州（vilayets）。这些州包括：亚得里亚海沿岸的斯库台和约阿尼纳（Janina）①；东边毗邻的科索沃和莫纳斯提尔；中部的萨洛尼卡；以及从梅斯塔河延伸到黑海的阿德里安堡。在日常语言中，通常使用古典名称来指代这些地区。阿德里安堡州大致对应着色雷斯，亚得里亚海沿岸的两个州对应着伊庇鲁斯，而中间的领土则对应着马其顿。然而，部分地区也有其他名称。紧邻塞尔维亚南部的地区通常被称为旧塞尔维亚（Old Servia）；黑山和希腊之间的亚得里亚海沿岸地区，北边被称为阿尔巴尼亚，南边被称为伊庇鲁斯。

1912 年，土耳其欧洲领土的面积为 169,300 平方千米；保加利亚为 96,300 平方千米；希腊为 64,600 平方千米；塞尔维亚为 48,300 平方千米；黑山为 9000 平方千米。同期，土耳其欧洲领土的人口为 6,130,000 人；保加利亚为 4,329,000 人；希腊为 2,632,000 人；塞尔维亚为 2,912,000 人；黑山为 250,000 人。在巴尔干国家以北，南临多瑙河，东临黑海，是罗马尼亚，其面积为 131,350 平方

---

① 今阿尔巴尼亚南部和希腊北部地区。——译者注

千米，人口为 7,070,000 人。

第一次巴尔干战争的起因

1912 年土耳其与巴尔干国家之间战争的起因是什么？对此问题最概括的回答可以归结为一个词——马其顿。从地理上看，马其顿位于希腊、塞尔维亚和保加利亚之间。从民族构成上看，它是这些国家对应民族的延伸。正如马修·阿诺德①所言，无论是个人还是国家，其首要冲动都是扩张的倾向。因此，无论是从地理位置还是从人口构成来看，马其顿注定成为巴尔干半岛已获解放的基督教国家的磁铁。当然，希腊人和斯拉夫人的扩张意味着土耳其人被驱逐。因此，马其顿问题是近东问题的核心所在。

然而，除了保加利亚、塞尔维亚和希腊的扩张主义野心和种族同情，马其顿人民也有权从土耳其的统治和压迫中解放出来，就像他们在这些邻国的同胞一样。由于土耳其人在统治其基督教臣民方面极度无能，他们在欧洲丧失了统治权。如果《柏林条约》批准而不是废除《圣斯特凡诺条约》，整个马其顿都将被置于保加利亚的统治之下；尽管塞尔维亚——尤其是希腊——会抗议保加利亚吸纳他们的马其顿同胞（保加利亚一直希望在土耳其人被驱逐后将马其顿

---

① 马修·阿诺德（Matthew Arnold，1822-1888），英国诗人、翻译家、评论家。——译者注

纳入自己的管辖），但这一结果无疑对马其顿的所有基督教居民及穆斯林（他们约有 80 万人，占马其顿总人口的近三分之一）都会更好。然而，这些人注定要继续忍受土耳其的腐败治理、压迫和屠杀。《柏林条约》确实规定了改革，但土耳其政府通过外交和拖延挫败了欧洲国家所有实施这些改革的努力。15 年来，马其顿人民等待着欧洲国家实现帮助他们改善状况的承诺，同时忍受着阿卜杜勒·哈米德二世臭名昭著的血腥统治。不过，1893 年以后，革命组织开始活跃。"马其顿内部革命组织"（The Internal Organization）是一个地方团体，其纲领是"马其顿属于马其顿人"。但在保加利亚和希腊，都有组织向马其顿派遣起义队伍，以维护和主张各自的民族利益。这是 1897 年土耳其与希腊发生战争的原因之一，而希腊在战争中的失败使保加利亚在马其顿的宣传占了上风。不久，塞尔维亚的起义队伍也出现在马其顿。这些敌对活动自然引发了土耳其当局的报复。仅在一个地区，就有 100 个村庄被烧毁，8000 多所房屋被毁，6 万农民在冬季初无家可归。与此同时，奥匈帝国和俄国政府介入并制订了详细的改革计划，但这些计划无法有效执行，结果以失败告终。俄奥协约于 1908 年结束，同年英国与俄国合作，提出了一项旨在改善司法并加强欧洲监督的计划。就在这一计划宣布后不久，青年土耳其党（Yong Turk Party）领导的革命爆发，其向世界承诺将复兴奥斯曼帝国。欧洲国家对这些土耳其的宪政改革者寄予厚望，于是从马其顿撤军，将其命运交给新的统治者。从未有过如此令人失望的结果。如果说专制的苏丹用鞭子惩罚了可怜的马其顿人，那么青年土耳其党则是用蝎子折磨他们。

同情、愤怒与恐惧，与民族主义抱负和领土利益交织在一起，激发了周边国家同宗同源民众的情绪。于是，1912 年 10 月，保加利亚、塞尔维亚、黑山和希腊向土耳其宣战。

巴尔干同盟

这让我们想到了所谓的巴尔干同盟，关于它已经有很多文章，但也有很多无知的错误传播。在战争爆发后的几个月里，这一同盟发展成一个以美国或德国宪法为蓝本的巴尔干国家的联邦，这成为欧美诸国不断讨论的主题。事实上，这种期望没有法律依据，并且即使这四个基督教国家共同对抗土耳其人，其民众的情感中也充满了怀疑和敌意，这使任何关于巴尔干邦联的计划都变得没有价值。事实上，希腊和保加利亚在 1912 年 5 月确实缔结了同盟，但这是一个防御性同盟，而不是进攻性同盟。同盟条约规定，如果土耳其攻击希腊和保加利亚中任何一个国家，另一个国家应全力协助，无论攻击的目标是国家的领土完整还是国际法或特别公约所保障的权利。在希腊政府不知情的情况下，塞尔维亚和保加利亚在 1912 年 3 月缔结了一个针对土耳其的进攻性同盟，确定了它们在战争中各自的军事义务，以及在胜利的情况下对被征服的土耳其欧洲省份的划分。希腊和土耳其之间类似的攻守同盟也在考虑之中，但在计划成熟之前，保加利亚和塞尔维亚已经决定对土耳其宣战。这一决定因土耳其在科查纳（Kochana）和贝拉内（Berane）的屠杀而加速，这些屠杀激起了最深的愤怒，尤其是在保加利亚。塞尔维亚和保加利亚通知希腊，它们将在三天内动员军队，以迫使土耳其实施改革，并且如果在规定时间内未收到满意的答复，它们将入侵土耳其领土并宣战。它们在短时间内邀请希腊通过同时动员来与它们合作。这不仅对乔治国王的小王国是一个关键时刻，而且对数千年来激励着所有爱琴海地区希腊人民灵魂的伟大的希腊化事业也是一个关键时刻。

希腊与巴尔干同盟

乔治国王本人是一位经验丰富、具有实践智慧和外交技巧的统治者。不久前，他选择了前克里特岛起义者埃莱夫塞里奥斯·韦尼泽洛斯（Eleutherios Venizelos）担任首相。值得注意的是，这位新首相还兼任战争部长。正如欧洲每一位明智的政治家所预见的那样，韦尼泽洛斯预见到了即将到来的冲突并开始为此做准备。为了重组陆军和海军，他请来了法国和英国的专家，前者由艾杜将军（General Eydoux）领导，后者由图夫内尔海军上将（Admiral Tufnel）领导。到1914年，预计希腊的陆军和海军将得到充分训练和装备，而战争预计不会在此之前爆发。但到了1912年，希腊政府被迫向土耳其宣战。无论如何，希腊作出宣战决定是不可避免的。

韦尼泽洛斯先生已经证明了自己是一名煽动者、演说家和政治家。现在，他不仅向希腊，也向欧洲展示了自己作为一位明智的政治家和人民有效领导者的才能。第一个考验是他对邀请希腊在三天内加入保加利亚和塞尔维亚对土耳其战争的回应。在韦尼泽洛斯先生面前的所有可能性中，他拒绝了希腊继续孤立的计划。有些人将其视为辉煌和庄严：在他看来，在现有情况下，这种孤立本身是愚蠢的，其结果注定是灾难性的。希腊单凭自己永远无法对土耳其发动战争。如果希腊拒绝参与这场不可避免的冲突，两个斯拉夫国家的行动就只是加速了这一冲突，那么无论是它们赢还是土耳其赢，希腊都注定会失败。奥斯曼帝国在这场较量中获胜的可能性微乎其微；然而，如果意外真的发生，那么奥斯曼帝国境内的数百万希腊人，以及希腊这个小王国本身将面临何种处境？——在希腊的北部边界，战胜保加利亚、塞尔维亚和黑山的傲慢的土耳其压迫者，将牢牢地站稳脚跟。此外，如果这些基督教国家在欧洲成功战胜了奥斯曼帝国，而希腊王国此时仍对它们的斗争袖手旁观，那么它最终将发现马其顿已落入胜利的斯拉夫人之手，而希腊人的伟大理想——朝着君士坦丁堡向东扩张至希腊人居住的土地——将如同一个空幻的泡沫般破灭。韦尼泽洛斯先生的结论是，希腊无法避免参与这场斗争。保持中立将意味着希腊化在东方的彻底破产。剩下的唯一选择就是合作——要么与土耳其合作，要么与巴尔干的基督教国家合作。

希腊与保加利亚间的敌意

希腊距离与土耳其结盟有多近，世人或许永远无从知晓。当时甚至没有人怀疑这种可能性。直到土耳其被四个基督教国家的联军击败，且保加利亚在瓜分被征服领土问题上对其他三国的态度变得不可调和并充满威胁时，韦尼泽洛斯先生才认为有必要向希腊人民公开谈判的历史——通过这些谈判，希腊政府将他们的国家与一个如今被视为如此无理和贪婪的伙伴捆绑在了一起。希腊国内对保加利亚的情绪非常高涨。对韦尼泽洛斯政府的攻击众多且激烈。他几乎没有因对土耳其的胜利而获得任何赞誉，而他的反对者指责他将胜利的果实拱手让给了保加利亚。希腊民族尤其对保加利亚军队占领爱琴海沿岸地区感到愤慨。这些地区位于斯特鲁马河和梅斯塔河之间，包括塞雷斯、德拉马等城市，尤其是卡瓦拉——其拥有优良的港口和以优质烟草闻名的内陆贸易区——而这些地区居住着大量的希腊人口。

1913 年 7 月 4 日，在保加利亚与其前盟友之间的战争爆发几天后，韦尼泽洛斯先生在希腊议会特别会议上发表了雄辩而有力的演讲，为自己辩护。对他的指控不仅是他在最近的战争中牺牲了希腊的利益来满足保加利亚，而且是他在与保加利亚联合对土耳其作战时犯了一个致命的错误。他的回答是，既然希腊无法独自行动，他不得不在巴尔干地区寻找盟友，而选择保加利亚并不是他的错。他曾努力与土耳其保持和平。听听他自己的辩解：

> 我并没有寻求对奥斯曼帝国发动战争。如果我能解决克里特问题，我也不会在以后寻求发动战争——克里特问题是希腊的"肉中刺"，如果置之不理，我们就完全不可能过上正常的政治生活。我努力解决这个问题，继续执行与邻近帝国保持密切关系的政策，希望通过这种方式引入改革，使奥斯曼帝国境内数百万希腊人的生存状况得以改善。

克里特问题

正是克里特问题——它甚至比马其顿问题还严重——在 1897 年迫使希腊单枪匹马、毫无准备地与土耳其开战，结果注定遭遇迅速而彻底的失败。正如韦尼泽洛斯先生所说，正是这个"该死的克里特问题"，现在将希腊拉入了对抗邻国土耳其的军事同盟，而土耳其直到为时已晚，才拒绝向克里特人的正当要求和希腊政府的和解提议作出任何让步。

克里特岛位于三大洲之间，在古代和近代历史中都扮演了重要角色。亚瑟·埃文斯①爵士在克诺索斯（Cnossus）的探索和发掘似乎证明，提林斯和迈锡尼的荷马文明源自克里特岛，其最早的遗迹可以追溯到公元前3000年。如果说克里特岛为古希腊提供了最早的文明，那么它也坚持将自己献给现代希腊。这是一种自然的结合，因为克里特人是纯粹的希腊人，没有掺杂土耳其人、阿尔巴尼亚人或斯拉夫人的血统，尽管有一些意大利血统的混合。这一同族结合的障碍是土耳其。1669年，土耳其人从威尼斯人手中夺取了克里特岛，此前他们对克里特岛的首都坎迪亚（Candia）进行了长达20年的围攻。一部分克里特岛居民接受了征服者的信仰，因此目前其大约三分之二的人口是基督徒，三分之一是穆斯林。结果，克里特岛成为奥斯曼帝国治理最差的省份。在土耳其的欧洲领土，种族的多样性使基督徒之间争吵不休；而在克里特岛，宗教的多样性使同一民族每隔十年就陷入一场自相残杀的战争。整个19世纪，克里特岛一直不断爆发起义。每一次起义通常都以苏丹承诺给予克里特人某种形式的自治以及额外的财政或其他特权而告终。但这些承诺从未兑现。形势每况愈下。1897年，希腊的军事干预导致了与土耳其的战争，结果希腊惨败。与此同时，欧洲列强进行了干预，它们认为克里特岛应在土耳其苏丹的统治下享有自治权，并于1898年任命希

---

① 亚瑟·埃文斯（Arthur Evans，1851-1941），英国考古学家，致力于希腊考古。1900年，他在克里特岛发掘出有4000年历史的克诺索斯王宫遗址，被誉为20世纪考古学最伟大的成就之一。——译者注

腊的乔治王子①为高级专员。在岛上的政治党派和列强代表之间，乔治王子为克里特的福祉不懈努力，但因任务艰巨，最终他于1906年辞职，继任者是希腊前首相扎伊米斯（Zaimis）先生。新专员在1908年向保护国报告，称已建立了一支宪兵队维持治安，并使穆斯林人口享有安全和保障。随后，列强开始从岛上撤军。1905年，韦尼泽洛斯先生领导下的克里特起义者宣布了与希腊合并的计划，岛内议会则迅速予以支持。希腊议会再次投票通过了这一计划，并继续以希腊国王的名义为克里特岛政府提供资金。我没有时间详细追溯这一兼并计划的历史。简而言之，克里特人最终甚至选举了代表，前往雅典的希腊议会就座，而土耳其已发出警告，称这些代表进入希腊议会将被视为战争的正当理由。1912年10月，我目睹了这些代表抵达雅典，他们受到了希腊人最热烈的欢迎，每个人都停下来欣赏他们别具一格的服饰、健美的体格和庄重的举止。如果韦尼泽洛斯先生将这些代表排除在议会之外，他将违背希腊人民的感情。如果他接纳他们，土耳其将宣战。

韦尼泽洛斯的解决方案

韦尼泽洛斯先生在这一困境中实际采取的行动，在他对土耳其

---

① 即乔治二世（George Ⅱ，1890-1947），1922—1924年和1935—1947年两次就任希腊国王。——译者注

战争结束时的演讲中向议会作了解释，我此前已经引用过他的话。他向惊讶的同胞们宣布，在他渴望与土耳其达成全面谅解的过程中，他已经不再要求克里特与希腊合并，"因为这对奥斯曼帝国来说太过分了"。他所要求的是承认克里特代表有权在希腊议会中拥有席位，而克里特本身仍将作为土耳其苏丹统治下的自治国家存在。不仅如此，韦尼泽洛斯先生还如此迫切地希望避免与土耳其开战，以至于他作出了另一项让步——他坦率地承认，如果事情进展不同，他的政治对手可能会以叛国罪弹劾他。他实际上提议，作为承认克里特代表有权在希腊议会中拥有席位的回报，希腊应代表克里特每年向土耳其政府支付贡金。

幸运的是，对于韦尼泽洛斯政府来说，当时统治奥斯曼帝国的青年土耳其党拒绝了所有这些提议。与此同时，土耳其人在马其顿的治理不善和对基督徒的屠杀激怒了斯拉夫民族，并迫使他们向土耳其宣战。当形势出现危机时，青年土耳其党被迫下台，一位明智而谨慎的政治家——受人尊敬的基阿米尔帕夏①则接任大维齐尔②。他完全支持与希腊政府和解和妥协，并多次警告希腊不要与保加利亚结盟。他还准备了一个克里特问题的解决方案，确信会让希腊和土耳其都满意。但这些让步为时已晚。希腊已决定与塞尔维亚和保

---

① 基阿米尔帕夏（Kiamil Pasha, 1832–1913），奥斯曼帝国军官，曾四次担任大维齐尔。1912 年第四次成为大维齐尔，1913 年因政变被迫辞职。帕夏是奥斯曼帝国行政系统里的高级官员，通常是总督、将军和高官。——译者注

② 大维齐尔（Grand Vizier），苏丹以下最高级的大臣，相当于宰相。——译者注

加利亚共命运。随后，希腊政府发布了动员军队的命令。

战　争

我没有时间，也没有资格来描述随后的军事行动。在希腊，王储康斯坦丁被任命为总指挥官。事实证明，他是当代伟大的军事统帅之一。首相兼战争部长韦尼泽洛斯，为他提供了兵力、弹药和物资。雅典周边的平原和山丘被改造成模拟战场，用以训练新招募的士兵；来自世界各地的希腊青年，其中数万人来自美国，纷纷回到祖国，保卫故土并与欧洲的宿敌作战。希腊政府原计划组建12.5万人的军队与盟军协同作战，这已是希腊盟友都未曾奢望的规模。然而，战争结束前，康斯坦丁国王麾下已集结了25万装备精良的士兵——每个士兵实际携带的弹药量甚至超出总参谋部核定标准的50%。

希腊陆军与海军的行动

希腊军队在拉里萨（Larissa）集结后，通过泽里亚斯河（Xerias River）的隘口与河谷进入马其顿。土耳其在埃拉索纳（Elassona）迎战希腊军队，但经过数小时激战后撤退。他们在萨兰塔波鲁

（Sarandaporon）隘口设防，但经过希腊军队一天的激烈战斗和康斯坦丁王储的巧妙战术，土耳其人被击退。10月23日，希腊军队占领了塞尔恩杰（Serndje）。随后，他们沿阿利亚克蒙河（Aliakmon River）两岸向韦里亚（Veria）推进，康斯坦丁王储及其参谋部于10月30日清晨进入该城。从拉里萨出发，他们行军150英里，仅靠马车为军队提供补给和弹药。在韦里亚，他们切断了莫纳斯提尔至萨洛尼卡的铁路线。不远处是耶尼察（Jenitsa），土耳其军队在此集结了3.5万至4万兵力，企图为保卫萨洛尼卡而战。耶尼察战役异常激烈，希腊军队最终获胜，但损失了约2000人。这场胜利为希腊军队打开了通往萨洛尼卡的道路。防守萨洛尼卡的土耳其军队被希腊军队击溃，该城于11月8日向康斯坦丁王储投降。从拉里萨出发仅三周，希腊军队便击败了约6万土耳其人。

战争爆发后，希腊宣布封锁所有土耳其港口。除了通常的违禁品清单，希腊还将煤炭（各国在战争中对煤炭的态度不一）和机油（据我所知，这是机油首次被列为战争违禁品）列入其中。由于土耳其依赖煤炭和润滑油进口，这一政策的目的是瘫痪奥斯曼帝国的交通运输。值得一提的是，机油禁令给美国的贸易带来了诸多不便，但这并非因为机油本身，而是因为希腊官员将其与棉籽油和牛油等非违禁品混淆。希腊海军不仅维持了非常有效的封锁，还占领了土耳其统治下的所有爱琴海岛屿——除了罗德岛（Rhodes）和多德卡尼斯群岛（Dodecanese），意大利暂时控制这些岛屿，作为土耳其履行其结束近期战争的条约中一些条件的保证。由此可见，海军在此次战役中发挥了至关重要的作用，而希腊是巴尔干同盟国家中唯一拥有海军的国家。希腊海军不仅足以威慑土耳其海军，使其完全丧失战斗力，还切断了土耳其与外部世界的贸易和商业联系，阻碍了帝国内部的铁路运输，阻止了土耳其向马其顿或爱琴海沿岸的色雷斯地区增派援军，并成功从土耳其手中夺回了其仍实施有效管辖的爱琴海岛屿。

塞尔维亚的军事行动

在陆地上，其他巴尔干同盟国家的行动并不逊色于希腊。黑山打响了战争的第一枪。黑山是唯一一个从未被土耳其人征服的巴尔干国家，在杰出的统治者尼古拉国王①的领导下，勇敢的黑山士兵在新帕扎尔和阿尔巴尼亚地区向他们的宿敌发起了致命打击。

在希腊军队向南马其顿推进的同时，塞尔维亚军队也通过旧塞尔维亚进入北马其顿和中马其顿。他们在库马诺沃（Kumanovo）对土耳其军队的辉煌胜利，为 500 年前科索沃战役中祖先的失败报了仇。塞尔维亚军队继续向南推进后，在普里莱普（Prilip）和莫纳斯提尔的两场重大战役中再次击败了敌人。莫纳斯提尔曾是希腊人向弗洛里纳（Florina）进军的目标，而当这座城市落入塞尔维亚之手

—————————

① 尼古拉一世（Nikola Ⅰ，1841-1921），黑山公国大公（1860—1910 年）、黑山王国国王（1910—1918 年）。——译者注

时，尽管希腊人感到失望，但这并未破坏两国盟军之间的友谊。毫无疑问，两国都感到欣慰的是，它们的军事占领区接壤，且瓦尔达尔河（Vardar River）以西已无土耳其领土可被保加利亚占领。

保加利亚的军事行动

当希腊和塞尔维亚在驱逐、俘虏或歼灭驻扎在马其顿的土耳其军队，并从南北两侧像一把不可阻挡的钳子般夹击该地区时，保加利亚则肩负着在色雷斯平原上与土耳其主力军交锋的重任。巴尔干同盟国家兵力的分配是各国地理位置的必然结果。瓦尔达尔河和布雷加尔尼察河（Bregalnitza River）以西的马其顿地区是唯一与希腊和塞尔维亚接壤的土耳其领土。色雷斯则与保加利亚的南部边界相接，从梅斯塔河源头一直延伸到黑海，其东部被从索非亚到阿德里安堡和君士坦丁堡的主要道路斜向贯穿。战争甫一爆发，保加利亚军队便沿这条路线向共同的敌人进军。他们辉煌的军事成就和胜利记录令欧洲震惊。仅仅 35 年前，保加利亚还是土耳其欧洲领土中一个默默无闻、备受鄙视的省份，如今它却在基尔克基利塞（Kirk Kilisse）、吕莱布尔加兹（Lule Burgas）和乔尔卢（Chorlu）的重大战役中击败了奥斯曼帝国的军队。在短短几周内，保加利亚沙皇费迪南麾下不可阻挡的军队便推进到了查塔尔贾防线。再往前 25 英里便是君士坦丁堡，他们希望在那里庆祝最终的胜利。

土耳其的崩溃

　　欧洲列强对此另有打算。即便保加利亚在查塔尔贾的延误——这一延误可能源于军队的疲惫——没有给土耳其人时间加强防御并重组军队，几乎可以肯定的是，保加利亚军队也不会被允许进入君士坦丁堡。然而，除了首都及其周边要塞，土耳其在欧洲的所有领土如今都已处于巴尔干同盟国家的掌控之中。整个地区要么已被巴尔干同盟国家的军队占领，要么可以随时占领。只有三个孤立的地点仍在土耳其手中：阿德里安堡虽然被保加利亚军队紧密包围，但仍在坚守；阿尔巴尼亚北部的斯库台和伊庇鲁斯的约阿尼纳这两座要塞仍由土耳其驻军控制。

　　土耳其的力量在短短几周内崩溃了。这场灾难究竟是缘于政府的无能与腐败，还是青年土耳其党将政治引入军队，或是与意大利战争的消耗所致，抑或是其他更隐晦的原因，我们无需深究。然而，在欧洲列强看来，这场灾难已经蔓延得足够广泛，于是12月召开了和平会议。交战国的代表和列强的大使齐聚伦敦。但他们的和平努力未能奏效。土耳其不愿放弃阿德里安堡，而保加利亚则将其视为不可妥协的条件。和平会议破裂，战事重新爆发。保加利亚在6万塞尔维亚军队的协助下加紧围攻阿德里安堡，并于3月26日攻占该城。3月6日，约阿尼纳已在康斯坦丁国王的巧妙进攻下投降。4月

23 日，斯库台守军戏剧性地向尼古拉国王投降，结束了战斗，而尼古拉国王至少在这一天违背了欧洲国家的集体意志。

土耳其最终被迫接受和平条款。1 月，当伦敦和平会议仍在进行时，基阿米尔帕夏因为一直努力让国家接受不可避免的领土牺牲而被推翻，其政府的战争部长纳齐姆帕夏（Nazim Pasha）在青年土耳其党的一次起义中被杀。这场起义由恩维尔贝伊①（Enver Bey）②领导，他亲自要求基阿米尔辞职，将辞呈递交给苏丹并确保其接受。起义者推举马哈茂德·谢夫凯特帕夏（Mahmud Shevket Pasha）为大维齐尔，并将保留阿德里安堡作为其核心政策。然而，新政府在 4 月遭遇了与基阿米尔 1 月时相同的无情命运。列强坚持实现和平，而巴尔干同盟国的胜利使土耳其别无选择，也没有拖延的借口。青年土耳其党因阿德里安堡问题上台，却被迫批准将该城及其所有清真寺、墓地和历史遗迹割让给巴尔干同盟国。5 月 30 日，《伦敦条约》签署，但事实证明，这一条约的寿命十分短暂。

---

①　贝伊，奥斯曼帝国时期对长官的称谓，意为"首领""头目""统治者""官吏""老爷"。——译者注

②　即恩维尔·帕夏（Enver Paşa，1881-1922），奥斯曼帝国将军，青年土耳其党人的领袖。他与穆罕默德·塔拉特帕夏和杰马尔帕夏在第一次世界大战期间被称为掌控奥斯曼帝国朝政的三巨头。——译者注

和平条款

《伦敦条约》规定，从爱琴海地区马里查河（Maritza River）河口的埃诺斯（Enos）至黑海沿岸的米迪亚（Midia）画一条分界线，线外的所有土耳其领土均割让给巴尔干同盟国家，但阿尔巴尼亚除外——其边界由列强划定。条约还规定，爱琴海诸岛（希腊现以军事占领权及居民投票结果为由主张拥有它们，而这些岛屿的居民几乎全为希腊人）的命运由列强决定。对希腊更直接的让步是土耳其放弃了对克里特岛的主权。该条约还包含了财政及其他条款，但这些内容在此无需赘述。关键在于，除了君士坦丁堡及保护它所需的狭小腹地，土耳其人在欧洲占有领土 5 个多世纪后，已被逐出欧洲。

这一伟大而值得纪念的成果是巴尔干各国联合起来的胜利。然而，回顾历史，土耳其人过去的成功往往得益于其基督教邻国之间的纷争与分裂。这一事实为未来的短期前景蒙上了一层不祥的阴影。

第二章

巴尔干同盟国家之间的战争

《伦敦条约》正式将土耳其排除在进一步解决巴尔干问题之外。由于列强对土耳其的善意，或者由于它们对保加利亚日益增加的嫉妒，土耳其未被剥夺其在查塔尔贾线以西的所有欧洲领土，而胜利的保加利亚军队曾在那里插上了他们的旗帜。埃诺斯—米迪亚边界不仅保障了土耳其相当一部分被保加利亚占领的领土，而且将其海岸线从查塔尔贾线与马尔马拉海的交汇点延伸出去，穿过达达尼尔海峡，沿着爱琴海沿岸一直延伸到马里查河的入海口。从这个意义上说，列强让土耳其重新在欧洲站稳了脚跟，而在此之前土耳其几乎被巴尔干同盟国家（尤其是保加利亚）逐出欧洲。然而，土耳其其余的所有欧洲领土，要么被托管给列强，要么被彻底割让给巴尔干同盟国家。

现在的一个重大问题是，巴尔干同盟国家之间应如何瓜分战利品。

巴尔干同盟国家的竞争野心

这是一个难以协调的问题。正如我们之前所见，战争开始前，保加利亚和塞尔维亚曾谈判并签署了一份分割条约，但在此期间情况发生了重大变化。塞尔维亚现在要求修订条约，并拒绝从中马其顿撤军。根据条约，该地区应归还给保加利亚。因此，塞尔维亚和保加利亚政府及两国人民之间的关系极度紧张。保加利亚人指责塞尔维亚人背信弃义，而塞尔维亚人则痛斥保加利亚人的贪婪和狭隘。这两个斯拉夫民族之间根深蒂固的仇恨被彻底激发，像巫婆的坩埚一样沸腾翻滚。

在东马其顿，保加利亚人和希腊人各自急于扩展自己的占领区，而很少顾及另一盟友的权利或感受。尽管保加利亚人没有原谅希腊人在 11 月抢先占领萨洛尼卡的行为，但他们之间在接下来的冬季和春季的竞争舞台是斯特鲁马河和梅斯塔河之间的地区——尤其是由卡瓦拉、奥尔法尼（Orphani）沿海地区及从萨洛尼卡到阿德里安堡铁路线上的塞雷斯和德拉马组成的四边形区域。希腊人比保加利亚人有一个优势：他们的军队可以用于确保希腊王国的领土扩张，而此时保加利亚仍然需要派主力部队在查塔尔贾和阿德里安堡与土耳其作战。因此，希腊人占领了保加利亚军队被调离的地区。他们甚至毫不犹豫地驱逐了盟友留下的零星保加利亚部队，以确立占领权。

自然，两军指挥官之间发生了争执，并多次引发武装冲突。3 月 5 日，希腊人和保加利亚人在尼格里塔（Nigrita）交战，随后又在普拉维什塔（Pravishta）、莱夫特拉（Leftera）、潘盖翁（Panghaion）和安吉斯塔（Anghista）发生冲突。

巴尔干同盟国家在共同敌人仍在战场上的情况下互相敌对，预示着它们未来的关系将充满危机。"我们的下一场战争将与保加利亚进行，"雅典街头的普通民众如是说，而保加利亚人民和军队也怀有同样的好战情绪。希腊人和保加利亚人之间长期以来的相互敌意和仇恨，曾在共同利益的驱使下暂时被压制，使巴尔干同盟国家得以将土耳其的欧洲领土据为己有，但在当下迫切需要公平分配被征服领土的刺激下，这种敌意和仇恨以加倍的暴力爆发。长期以来，巴尔干各国的致命缺陷就是每个国家过度且偏执地主张自己的权利，同时对他国的权利视若无睹、漠不关心。

阿尔巴尼亚：摩擦的根源

还有一些外部因素加剧了巴尔干地区的悲剧。毫无疑问，最具影响力的因素是由于建立了独立的阿尔巴尼亚，导致巴尔干同盟国家的计划被打乱。这个新王国是在欧洲列强的支持下，应奥匈帝国的要求，在意大利的支持下建立起来的。

在政治上，维护自身利益虽然不是唯一的影响因素，但它是主导性的力量。奥匈帝国长期以来一直寻求通过马其顿经萨洛尼卡通往爱琴海的通道。塞尔维亚的目标也是到达亚得里亚海。然而，奥匈帝国的外交政策（其统治着数百万塞族人）一直反对塞尔维亚的扩张。现在，塞尔维亚及其盟友已经占领了马其顿，并封锁了奥匈帝国通往萨洛尼卡的通道。这不仅是出于报复，更是出于追求一贯外交政策的自利动机，而这种外交政策使奥匈帝国将其巴尔干计划的一个主要目标定为阻止塞尔维亚进入亚得里亚海。在第一次巴尔干战争开始之前，亚得里亚海沿岸地区处于奥匈帝国和意大利的统治之下，因为尽管黑山和土耳其是奥意的海上邻国，但它们都没有海军力量。自然，这两个强国希望在巴尔干战争结束后，它们在亚得里亚海的处境不会比以前更糟。但是，如果允许塞尔维亚向西扩张到亚得里亚海，它们未来的霸权可能会受到挑战。因为塞尔维亚可能与俄国建立特殊关系，或者可能形成一个包括黑海和亚得里亚海之间所有巴尔干国家的联邦；在这两种情况下，奥匈帝国和意大利将不再享有在土耳其统治希腊和黑山之间的沿海地区时在亚得里亚海沿岸所拥有的无可争议的霸权。因此，出于实际政治的需要，产生了奥匈帝国和意大利支持阿尔巴尼亚独立的政策。虽然这一政策对意大利和奥匈帝国来说是自然且必要的，但对塞尔维亚向亚得里亚海扩张的梦想却是致命的。它限制了希腊向伊庇鲁斯北部扩张的范围，以及黑山在斯库台以南向南扩张的范围；它促使这些盟友寻求在保加利亚视为自己专属保留地的领土上获得补偿；结果，它严重威胁了已经因相互嫉妒、仇视、侵略和指责而四分五裂的巴尔干同盟的存在。

塞尔维亚向爱琴海收缩

欧洲关于阿尔巴尼亚独立的裁定所产生的首要影响，便是塞尔维亚对保加利亚的退让。面对列强阻止塞尔维亚向亚得里亚海扩张的不可抗拒的力量，塞尔维亚将焦虑的目光转向了萨洛尼卡湾和爱琴海。彼时，塞尔维亚的胜利之师已经从阿尔巴尼亚边境出发，向东推进至瓦尔达尔河以东，占领了斯特鲁米察（Strumnitza）、伊斯蒂布（Istib）和科查纳等地；向南则推进到莫纳斯提尔和格夫盖利（Ghevgheli）以南，抵达希腊占领的南马其顿边界。希腊拥有萨洛尼卡城及其腹地，还有整个哈尔基季基半岛。与希腊达成协议，塞尔维亚就能确保获得出海口。萨洛尼卡的商人——大多是15世纪被驱逐出西班牙的犹太人的后裔——足够精明，他们意识到确保塞尔维亚的贸易往来对本城大有裨益。毕竟，征服者肯定会设立敌对性关税，届时萨洛尼卡将失去大量原本从土耳其欧洲领土的大片地区畅通无阻地流入的贸易。希腊政府同样对这一方案持积极态度。一方面，鉴于可能与保加利亚发生纠葛，与塞尔维亚保持友好关系符合希腊的利益；另一方面，希腊需要抵制那些企图将萨洛尼卡设为自由市或并入"大保加利亚"的势力的图谋。这些人以"萨洛尼卡并入希腊将扼杀其贸易、摧毁其繁荣"为论点，这些论点颇具影响力。

萨洛尼卡城的利益、希腊的利益和塞尔维亚的利益相互交织，共同要求塞尔维亚的贸易能够通过萨洛尼卡自由流通。倘若没有其他势力对这条贸易路线经过的马其顿领土拥有管辖权，那么希腊和塞尔维亚政府达成共识便轻而易举。

条约的限制

然而，问题恰恰出在这里。1912 年 3 月签订的密约规定了保加利亚和塞尔维亚针对奥斯曼帝国的攻守同盟，并在己方胜利的情况下对巴尔干同盟国家之间的领土划分进行了规定。根据该条约，划分给塞尔维亚的土耳其领土的南部和东部最远边界，是从阿尔巴尼亚边境的奥赫里德开始，向东北方向延伸，跨越瓦尔达尔河上游几英里处的韦莱斯（Veles），然后沿着大致相同的方向，穿过奥夫切波列（Ovcepolje）和埃格里帕兰卡（Egri Palanka），到达保加利亚边境的戈莱马夫雷赫（Golema Vreh）——这一终点位于塞尔维亚、马其顿和保加利亚交界处东南约 20 英里处。在与土耳其的战争中，塞尔维亚军队完全忽视了奥赫里德—戈莱马夫雷赫线。确实，在库马诺沃对土耳其的重大胜利是在该线以北取得的，其为 500 年前科索沃战役中斯拉夫人的失败报了仇。但随后在普里莱普和莫纳斯提尔的胜利却是在该线以南取得的，实际上深入了条约中认定为保加利亚的马其顿领土的腹地。

如果查看地图，你会看到塞尔维亚和保加利亚之间的边界从多瑙河开始，沿着一条略微起伏的线向南延伸。现在，在巴尔干国家与奥斯曼帝国的战争期间，塞尔维亚彼得国王的军队占领了塞尔维亚南部边界线延伸部分与新成立的阿尔巴尼亚王国之间的所有土耳其的欧洲领土，直到他们遇到康斯坦丁王储率领的向北推进的希腊军队。随后，两国政府同意为新塞尔维亚和新希腊划定一条共同边界，这条边界从普雷斯帕湖开始向东延伸，经过莫纳斯提尔和弗洛里纳（Florina）之间，到达瓦尔达尔河以南的格夫盖利（Ghevgheli）附近。

不合之源

然而，希腊和塞尔维亚之间的这一安排将使保加利亚在中马其顿和西马其顿一无所获！但塞尔维亚曾通过条约庄严承诺，不会要求奥赫里德—戈莱马夫雷赫线以南的任何土耳其领土。保加利亚与希腊之间没有类似的条约，但保加利亚认为新希腊的北部边界应由两国政府协商调整。根据条约条款，塞尔维亚退回到奥赫里德—戈莱马夫雷赫线后，无论如何都无权对此事发表意见。尽管保加利亚政府从未正式或非正式地向希腊或塞尔维亚传达其立场，但我们可以大致断言，从奥赫里德到萨洛尼卡（尽管希腊已占领该城，保加利亚仍坚持对其拥有主权）画一条线，将大致代表保加利亚自愿让步的极限。如果想象一条从萨洛尼卡到戈莱马夫雷赫的基线，你会看到一个以奥赫里德为顶点的等边三角形。这个等边三角形大致代表了保加利亚在西马其顿地区所主张的领土范围。

　　巴尔干同盟国家之间的战争正是为了争夺这个三角形地区的控制权。在与土耳其的战争中，塞尔维亚军队占领了该三角形的大部分地区；而受到军队战斗精神鼓舞的塞尔维亚民族已经下定决心，无论是否有条约，这片土地都不应被放弃。在南部，尤其是沃德纳以北，希腊军队占领了这个重要三角形的一部分。两国政府决定，它们不会容忍保加利亚在新塞尔维亚和新希腊之间打入一个楔子。此外，保加利亚坚决要求塞尔维亚履行分割条约中的条款。与此同时，保加利亚还不断就萨洛尼卡的未来问题向希腊政府施压，而此时希腊人民正在批评韦尼泽洛斯先生允许保加利亚占领马其顿和色雷斯地区——特别是塞雷斯、德拉马和卡瓦拉以及斯特鲁马河和梅斯塔河之间的希腊人聚居区。这些都是巴尔干同盟国家之间出现分歧的额外原因。但是，最主要的破坏性力量是那个中马其顿三角形地区对各方的吸引力，而这是一种互斥的吸引力。这个三角形地区的顶点位于奥赫里德的沙皇萨穆埃尔宫殿的废墟上，而基线则从萨洛尼卡延伸到戈莱马夫雷赫。

保加利亚的主张

　　从这条基线到黑海，几乎所有土耳其的欧洲领土（除了包括萨洛尼卡及其腹地的哈尔基季基半岛）都已被保加利亚军队占领。那么，为什么保加利亚如此坚持要越过这条基线，跨过瓦尔达尔河，并占领中马其顿直至奥赫里德和阿尔巴尼亚东部边境呢？

简而言之，答案在于自 1877 年俄国帮助保加利亚获得解放以来，保加利亚一直奉行一项坚定不移的政策——解放仍处于奥斯曼帝国统治下的保加利亚人，并将他们统一在一个共同的祖国中。俄国通过强加给土耳其的《圣斯特凡诺条约》创建的"大保加利亚"，正是基于将所有保加利亚人统一在一个共同政府下的种族理念。然而，这一条约后来被柏林会议撕毁，该会议为保加利亚人建立了一个非常小的公国。但保加利亚人，从沙皇到平民，都始终被这种种族和民族理念所激励。1885 年吞并东鲁米利亚是保加利亚实现这一目标的重要一步。1912 年保加利亚对土耳其发动战争，则正是为了实现这一计划。它的主要目标是解放马其顿的保加利亚人，并将他们纳入"大保加利亚"之中。与塞尔维亚签订的分割条约似乎为保加利亚在战胜土耳其后实现这一长期目标提供了保障。命运的讽刺之处在于，由于交战国的地理位置，在与土耳其的战争结束时，保加利亚实际占领了从黑海到斯特鲁马河及更远地区的所有土耳其的欧洲领土——即整个色雷斯至查塔尔贾，以及东马其顿——而它的盟国却占据了马其顿的大部分地区，包括它原本计划进入的新塞尔维亚和新希腊边界之间的整个三角地带！

保加利亚基于人种学理由，对这一三角形地区提出了主权要求。他们坚称，这里的居民是他们的同胞，与费迪南沙皇的臣民一样是真正的保加利亚人。

在马其顿的种族宣传

在世界上所有的复杂问题中，很少有比马其顿地区的种族分布问题更令人困惑的了。土耳其人对人口的分类不是基于语言或身体特征，而是基于宗教。希腊人是指承认君士坦丁堡牧首的东正教教徒；保加利亚人则是指承认保加利亚督主教的东正教教徒；由于塞尔维亚人在土耳其没有独立的教会，而是承认牧首制，因此他们常常与保加利亚人相对，被称为希腊人。种族问题因此被宗教问题所掩盖。宗教是基于人类意志而非自然固定的身体特征。在马其顿地区，种族可以像宗教一样轻易改变。一个马其顿人今天可以是希腊人，明天可以是保加利亚人，后天又可以是塞尔维亚人。我们都听说过喜剧歌剧中的船长，"尽管面对成为其他民族的种种诱惑"，仍然是一个英国人。如果这位可敬的船长生活在马其顿，这句话就一点也不滑稽了。在那个地方，种族是一个由具有共同习俗和宗教的成员组成的政治团体，他们代表一个"民族理念"，并竭力将其强加给他人。

马其顿是种族宣传的沃土。由于奥斯曼土耳其政府禁止出于政治目的的公开集会，宣传采取了通过教会和语言的形式。每个"种族"都试图通过学校和教堂的机构来传播其信仰，这些学校和教堂教授并使用其自己的语言。直到 19 世纪中叶，希腊人凭借其在奥斯曼帝国教会中的特权地位，对马其顿的东正教教徒拥有独占的精神和教育管辖权。正如我们所看到的，保加利亚人的反对导致在 1870 年建立了保加利亚督主教区，即一个以督主教为首的独立的保加利亚东正教会。保加利亚在马其顿的宣传，要求任命主教在督主教区的权威下管理教堂和学校。1891 年，土耳其政府承认了奥赫里德和乌斯库布的保加利亚主教，后在 1894 年承认了韦莱斯和涅夫罗科普（Nevrokop）的保加利亚主教，并在 1898 年承认了莫纳斯提尔、斯特鲁米察和迪布拉（Dibra）的保加利亚主教。正如有人所说的那样，督主教区的教会实际上是在创造保加利亚人：它为马其顿的斯拉夫人口提供了他们所能理解的语言服务和学校，并对他们的教育表现出真正的兴趣。到 1900 年，马其顿有 785 所保加利亚学校、39,892 名学生和 1250 名教师。

塞尔维亚在马其顿的宣传与保加利亚相比处于劣势，因为它没有独立的教会组织。正如我们已经看到的，正统的塞尔维亚人效忠于君士坦丁堡的希腊牧首。起初，他们并没有像保加利亚人那样热情或成功地进行宣传。事实上，塞尔维亚人民的民族愿望一直指向波斯尼亚和黑塞哥维那；但在这些省份根据《柏林条约》被划归奥地利后，塞尔维亚政府和民族的态度发生了显著变化。他们现在声称马其顿的斯拉夫人口是塞尔维亚人，而此前保加利亚一直将其视为己有。保加利亚的政治进程——特别是它与俄国的纠纷——对塞尔维亚在马其顿的宣传有利，这些宣传在 1890 年后取得了很大进展。塞尔维亚政府为马其顿的学校提供了大量资金。到 19 世纪末，塞尔维亚的宣传机构声称，他们在萨洛尼卡、莫纳斯提尔和乌斯库布有 178 所学校、321 名教师和 7200 名学生。

这些斯拉夫宣传者对希腊的宗教和教育事业造成了严重的侵蚀，而仅仅一代人之前，希腊的这些事业在马其顿几乎占据了垄断地位。由于 1897 年希土战争的灾难性结果，希腊的努力也几乎一度瘫痪。然而，1901 年，希腊声称在萨洛尼卡和莫纳斯提尔有 927 所学校、1397 名教师和 57，607 名学生。

种族事实与谬误

当土耳其人被逐出欧洲时，一个民族的主教、教堂和学校越多，它对马其顿（领土）的收复权就越强！毫无疑问，在统计数字方面有很多弄虚作假的情况。虽然希腊人、塞尔维亚人和保加利亚人提供学校和教堂是为了满足他们在马其顿的同胞的精神和文化需求，但总有一个潜在的（通常也是占主导地位的）目的，那就是在土耳其这只瘫痪之手即将松开（这片土地）的时候，在这片领域内划分自己的势力范围。这些主教或许是各自教区信众的好牧师，但我猜想，担任这一职位的首要条件是具备积极进取的政治领导才能。土耳其政府时而偏袒这个民族，时而又偏袒那个民族，这似乎取决于当时的利益需求。它带着一种恶作剧般的快感挑动斯拉夫人对抗希腊人、塞尔维亚人对抗保加利亚人，并且在处理主教辖区的申请时，通常都是为了给相互竞争的基督教民族制造麻烦。在必要的时候，它还能够让那些进行宣传活动的人受到严格限制。保加利亚人在19世纪90年代获得了许多主教辖区之后变得胆大起来，乌斯库布的主教打算开办新的学校和教堂。但是土耳其籍总督——即省长（Vali）——把他召去，并给予他这样的警告："哦，保加利亚人，就守着你现有的'蛋'吧，别为了让肚子撑破而试图再'下蛋'。"

在一个种族靠宗教来认定，宗教靠主教数量及教堂和学校的数量来衡量，主教职位及教堂和学校的创设和维持依靠相互竞争的外部势力开展的宣传活动，而宣传活动的成果又在很大程度上取决于来自索非亚、雅典和贝尔格莱德的资金和人员且始终受君士坦丁堡苏丹政府心血来潮之举和操纵摆布的国家里，我们该如何确定该国的种族构成情况呢？

在南马其顿，从色萨利（Thessalia）边境向北直到与萨洛尼卡平行的地区，人口几乎全都是希腊人，整个哈尔基季基半岛也是如此，而更东边的斯特鲁马河和梅斯塔河之间的沿海地区也以希腊人为主。塞雷斯和德拉马线以北、保加利亚王国以南的东马其顿地区，人口普遍是保加利亚人。在马其顿西北部地区，从乌斯库布市到塞尔维亚和波斯尼业的边界，混居着塞族人、保加利亚人和阿尔巴尼亚人。随着你向北旅行，塞尔维亚元素占主导地位，向西旅行，则阿尔巴尼亚元素占主导地位。

个人的观察与经历

当我们试图确定中马其顿的种族特征时，困难就出现了，因为这一地区与希腊、保加利亚和塞尔维亚的距离都相当遥远。去年夏天，我穿越了这一地区。6月29日，当巴尔干同盟国家之间的战争爆发时，我正身处乌斯库布。在塞尔维亚当局的友好安排下，我获准乘坐了第一列离开该城市的军列。在韦莱斯下车后，我驾车穿过中马其顿，途经普里莱普前往莫纳斯提尔。由于没有更好的床铺，第一晚我睡在马车上，周围由塞尔维亚哨兵守卫。我从莫纳斯提尔出发，驾车驶过崎岖不平的道路，前往普雷斯帕湖和奥赫里德湖，然后从奥赫里德城前往黑德林（Black Drin）河畔的斯特鲁加（Struga），在那里我可以眺望阿尔巴尼亚的山脉。

从雅典出发之前，我听了许多关于希腊人定居点遍布马其顿的爱国故事。因此，第一个令我惊讶的点是，我在中马其顿发现希腊人没有占多数。在大多数城市中，确实有一部分人口是希腊人，而且通常这些社区很繁荣。这在莫纳斯提尔尤为明显，这里是希腊影响力的堡垒。然而，尽管莫纳斯提尔一半的人口是穆斯林，所谓的保加利亚人却占基督徒人口的多数，虽然塞尔维亚人和罗马尼亚人也进行了积极的宣传。在韦莱斯，三分之二的人口是基督徒，其中几乎所有人都被称为保加利亚人。在奥赫里德，下城是穆斯林，上城是基督徒，而基督徒人口几乎完全属于保加利亚教会。

然而，这并不意味着中马其顿的人民——即使保加利亚教会在他们中占主导地位——就真的在血缘和语言上与保加利亚而不是塞尔维亚有更紧密的联系。如果援引历史，我们必须承认，在杜尚时期，这一地区是塞尔维亚王国的一部分，正如在西蒙和阿森时期它是保加利亚王国的一部分一样。如果诉诸人类学，答案仍然不确定。这是因为虽然费迪南沙皇臣民的蒙古人特征——宽而平的脸、窄眼睛和直黑发——可以在奥赫里德以西看到（我自己也见过），但在整个北塞尔维亚，直到贝尔格莱德，也可以发现这些特征，尽管塞尔维亚人的体型完全不同。人类学特征与语言或政治单位之间没有固定的联系。此外，虽然有一些界限分明的群体自称塞尔维亚人或保加利亚人，但还有更多的人在体格或语言上没有如此清晰的区分。毫无疑问，他们是斯拉夫人。但究竟是塞尔维亚人、保加利亚人，还是介于两者之间，如今没有人能够证明。马其顿中部有自己的方言，其中任何一种在良好的文学发展条件下都可能演变成一门独立的语言。如今说这些方言的人，则或多或少能听懂塞尔维亚语或保加利亚语。因此，正如《欧洲的土耳其》①（一位自称"奥德修斯"的匿名且非常权威的作者所著）一书中所宣称的：

---

① 《欧洲的土耳其》（*Turkey in Europe*）是一部游记作品，于1900年出版，作者是英国外交官和学者仪礼（Charles Eliot, 1862-1931）。仪礼（一译"爱里鄂"）曾在俄国（1885）、摩洛哥（1892）、土耳其（1893）等地担任外交职务，还在1912—1918年担任香港大学校长。——译者注

　　实际的结论是，无论是希腊人、塞尔维亚人还是保加利亚人，都没有权利声称拥有中马其顿。事实上，他们都这样做了，这表明他们的主张是多么无力。

　　然而，正是保加利亚对中马其顿主权的强硬主张导致了巴尔干同盟国家之间的战争。

　　考虑冲突前夕各方政府的态度，会很有启发性。我希望我能准确地报告这一点。当然，我有特殊的机会了解它。除了我在两次巴尔干战争期间在雅典担任的官方职位外，我还在6月访问了巴尔干各国，并获准与罗马尼亚、塞尔维亚和保加利亚的政府首脑讨论当时的危机。当然，直接引用他们的话是不合适的；不仅如此，我感到自己有特殊的义务尊重他们对我的信任。但他们在这些谈话中坦率的披露使我能很好地理解局势和评估事实，我发现这一点非常宝贵。如果韦尼泽洛斯先生在雅典，或者马约雷斯库①先生在布加勒斯特，或者帕希奇先生在贝尔格莱德，或者已不再担任保加利亚首相的达内夫②博士，偶然读到我说的话，我希望每个人都能感到我公平而公正地阐述了他们的政府在这一关键时刻对当时面临的重要问题所采取的立场。

————————

　　①　蒂图·马约雷斯库（Titu Maiorescu，1840-1917），罗马尼亚政治家，1912年3月28日至1913年12月31日担任罗马尼亚首相。——译者注

　　②　斯托扬·达内夫（Stoyan Danev，1858-1949），保加利亚政治家，1913年6月14日至1913年7月17日担任保加利亚首相。——译者注

塞尔维亚的态度

我已经指出了塞尔维亚的处境。在列强的压力下，塞尔维亚不得不从阿尔巴尼亚撤军，尽管其军队已经胜利进军亚得里亚海。现在，保加利亚要求塞尔维亚根据两国于 1912 年 3 月签订的条约，撤出中马其顿，直至奥赫里德—戈莱马夫雷赫线。塞尔维亚政府认为，条约原本假设阿尔巴尼亚将并入塞尔维亚，但这一地区的丧失使塞尔维亚有权在马其顿获得补偿。因此，如果现在塞尔维亚不仅未能因失去亚得里亚海出海口获得补偿，反而还要从中马其顿撤军，并允许保加利亚在新塞尔维亚和新希腊之间建立势力范围，那么塞尔维亚将封锁自己通往萨洛尼卡的道路，而这是塞尔维亚目前唯一的出海希望。这还远不是全部。由身体健全的男性组成的塞尔维亚军队，目前控制着中马其顿；军事领袖们以其一贯的帝国主义倾向，向贝尔格莱德政府传达了扩张主义观点。如果保加利亚不愿自愿为塞尔维亚"丧失"阿尔巴尼亚提供补偿，塞尔维亚人民已准备好通过武力来夺取。他们也对保加利亚提出了直接的主张。他们派出了 6 万名士兵参加对阿德里安堡的围攻，而保加利亚至今未能攻下该城。塞尔维亚人现在讽刺地质问，他们是否仅仅是为了保加利亚的利益而参战；是否除了帮助保加利亚赢得整个色雷斯和东马其顿，现在还要将中马其顿拱手相让，而与此同时，欧洲列强却剥夺了他们预期的战利品——阿尔巴尼亚及塞尔维亚梦寐以求的亚得里亚海沿岸！这一论点在一张地图上生动地呈现出来，我在贝尔格莱德获得了它的副本。地图上的图例如下：

塞尔维亚占领的领土：55,000 平方英里。

塞尔维亚向东部和南部的盟友割让：3800 平方英里。

塞尔维亚向阿尔巴尼亚割让：15,200 平方英里。

塞尔维亚保留：36,000 平方英里。

保加利亚占领的领土至埃诺斯—米迪亚线：51,200 平方英里。

保加利亚仍要求塞尔维亚割让：10,240 平方英里。

根据保加利亚的主张，保加利亚应获得 61,520 平方英里，而塞尔维亚仅获得 25,760 平方英里！

提议修订条约与仲裁

当塞尔维亚和保加利亚之间进行条约谈判时，似乎假定了与土耳其的战争将发生在马其顿，而色雷斯（从梅斯塔河到黑海的地区）将保持完整，仍归土耳其所有。如果土耳其在欧洲的直到亚得里亚海的其他领土被这两个巴尔干同盟国家征服，奥赫里德—戈莱马夫雷赫线将使它们之间对战利品的分配相当公平。然而，由于塞尔维亚拒绝向阿尔巴尼亚割让领土，而色雷斯被保加利亚占领，情况已经完全改变。塞尔维亚政府宣布，这些变化的条件已经使分割条约失效，现在两国政府需要根据事件的逻辑进行调整！5月28日，塞尔维亚首相帕希奇正式要求修订条约。6月2日，保加利亚首相格绍夫在察里布罗德（Tsaribrod）与帕希奇进行了私人会晤。格绍夫接受了帕希奇的建议（这一建议最初由希腊首相韦尼泽洛斯提出），即在圣彼得堡召开巴尔干同盟国家四国代表的会议。需要补充的是，这是因为在分割条约中，俄国沙皇被指定为塞保双方之间任何领土争端的仲裁者。

接下来几天发生的事情从未被清楚地披露。但它具有极其重要的意义。我一直认为，如果像韦尼泽洛斯和帕希奇一样，巴尔干同盟的缔造者之一格绍夫被允许完成他的工作，巴尔干同盟国家之间就不会发生战争。我与格绍夫并无私交，但我认为他是一位明智、观点温和的政治家，愿意为了和平作出合理的让步。但是，一个全副武装、沉浸在胜利喜悦中的国家，总是对文官政府的权威构成威胁。如果格绍夫准备与帕希奇达成某种妥协，保加利亚军方却更加坚持要求塞尔维亚从中马其顿撤军。即使在塞尔维亚，帕希奇也难以为军队的沙文主义热情降温，人们认为这种好战精神在王储的态度中得到了体现。但是，保加利亚的挑衅更盛，因为归根结底，塞尔维亚实际上正在违反它庄严签署的与保加利亚的协议。保加利亚军方可能获得了费迪南沙皇的信任。当然，有报道称沙皇正在与反对派领导人磋商。据推测，反对派领导人对格绍夫在察里布罗德会议上表现出的和解态度感到不满。无论原因如何，格绍夫于 6 月 9 日辞职了。

保加利亚的拖延与反对

就在同一天，俄国沙皇召集保加利亚沙皇和塞尔维亚国王，要求他们将争端交给他来裁决。尽管这一要求是基于塞尔维亚-保加利亚条约中的具体条款，但俄国沙皇也敦促说这是基于对斯拉夫事业的忠诚。这种亲斯拉夫的论点在奥匈帝国内部引发了强烈批评，他们对斯拉夫人在巴尔干事务中占据霸权地位的假设感到极为不满。然而，6 月 12 日，保加利亚和塞尔维亚接受了俄国的仲裁。但是，双方并未就具体条款达成一致。尽管韦尼泽洛斯和帕希奇焦急地等待前往圣彼得堡的召唤，他们却无法获得关于保加利亚政府意图的明确信息。与此同时，奥匈帝国和俄国在巴尔干争夺主导权的竞争也达到了前所未有的激烈程度。

6 月 14 日，达内夫博士接替格绍夫被任命为首相。达内夫曾代表保加利亚参加伦敦和平会议，其咄咄逼人和毫不妥协的态度令其他巴尔干国家的代表感到不安，并引发了欧洲媒体的批评。他以亲俄著称。现在他似乎得到了俄国的保证，俄国将支持保加利亚在塞保条约上的立场，尽管俄国曾一度支持塞尔维亚对条约进行广泛修订的要求。毫无疑问，达内夫博士表达了保加利亚军队和人民的心声。在巴尔干同盟国家之间爆发战争前的一周，我正在索非亚。所有保加利亚人都坚持的两点是：第一，必须迫使塞尔维亚遵守分割条约；第二，中马其顿必须并入保加利亚。为了这些目标，所有保加利亚人都准备进行战斗。此外，由于在对抗土耳其主力军的战斗中取得了巨大的胜利，保加利亚人相信击败塞尔维亚和希腊的军队将轻而易举。他们对希腊人抱有某种轻蔑态度；至于塞尔维亚人，保加利亚人难道不是在 1886 年的斯利夫尼察（Slivnitza）战役中彻底击败过他们吗？保加利亚军方高层人士向我保证，战争爆发后 8 天，保加利亚军队就能进入贝尔格莱德。希腊人也将很快被赶出萨洛尼卡。召开会议解决巴尔干同盟国家之间领土争端的想法，没有得到任何一方的支持。

现在重要的是，要充分公正地对待保加利亚。为了对付塞尔维亚——如果塞尔维亚单独行事——保加利亚或许可以援引条约的神圣性和不可侵犯性。自开始进行条约谈判以来，情况确实发生了变化。但保加利亚可能会问，这难道是一个充分的理由，要把它排除在条约保证给它的中马其顿之外吗？这难道是一个充分的理由，不让它解放它的马其顿兄弟吗？——它曾为了这些兄弟与土耳其进行了一场血腥且代价高昂的战争。保加利亚人在这件事情上看到的只是它与塞尔维亚的条约，显然除了中马其顿，它对任何领土补偿都不感兴趣。

保加利亚的不妥协政策

保加利亚人对所有事实和情况都视而不见，只盯着与塞尔维亚签订的条约中的那些抽象条款。然而，对土耳其的战争实际是由四个巴尔干同盟国家共同进行的。事实上，土耳其政府已将土耳其的欧洲领土（除阿尔巴尼亚外）割让给了这四个巴尔干同盟国家。任何两个盟国都不能在它们之间分割共同拥有的这些被割让的领土。四个盟国之间的分割可能会违反战争爆发前任何两个盟国之间存在的条约条款。无论如何，四个盟国应共同分配土耳其割让给它们的领土。为此，召开会议是必不可少的机制。否则，四个国家如何达成任何协议？然而，保加利亚军队、政府和人民被一种固化的观念所困扰，认为保加利亚不仅在这一问题上享有优先权，而且拥有某种主权垄断权，凭此它有权利和特权决定它应分配给塞尔维亚（与它在战前签订了条约）多少共同战利品；在塞尔维亚被排除后，它能给希腊（与它没有分割条约）留下多少；当处理完与希腊间的领土分配问题后，是否还能给黑山一些"残羹剩饭"，而黑山确实对保加利亚政府几乎不抱任何希望。因此，保加利亚反对召开四国首脑会议，尽管会议是处理它们面临的共同事务的自然、明显且必要的方式。

保加利亚的态度使战争成为唯一的选择。然而，保加利亚政府未能计算战争的代价。在罗马尼亚在北部提出领土补偿要求、土耳其肯定会抓住机会夺回保加利亚刚刚从它手中夺取的南部领土时，保加利亚迫使希腊、塞尔维亚和黑山在西线开战，难道不是疯狂之举吗？从来没有一个政府对危急局势的重要事实如此视而不见。所有情况都表明，维护和平是保加利亚的明确政策，然而政府所采取的每一步几乎都是在挑起战争。保加利亚军队在对土耳其的胜利战役中赢得了荣耀。土耳其欧洲领土的很大一部分已经落入保加利亚手中。在国家已经精疲力竭、新的敌人虎视眈眈的情况下，引发新的战争风险来危及已获得的荣耀和领土，既愚蠢又罪恶。这条路通向疯狂。然而，保加利亚政府所奉行的政策无疑引向了那条路。我们是否必须假设，有理由怀疑奥匈帝国在煽动保加利亚发动战争？我们必须让历史来回答。如果结果是一场可怕的灾难，那只是希腊诸神对违背理性和节制原则的惩罚。

希腊的和解精神

多亏了韦尼泽洛斯首相的和解精神和康斯坦丁国王（同时也是总司令）的坚定支持，这些原则在希腊得到了忠实的遵循。在希腊因塞尔维亚和保加利亚的意外行动而仓促对奥斯曼帝国宣战后的几天内，希腊外交部长就被征服领土的划分问题向盟国发出了一份公函。他基于人种学依据划定了希腊的领土主张线，并补充说，由于他预见到直接进行调整的困难，他认为争议点应提交仲裁。然而，几个月过去了，保加利亚对希腊政府这一公正合理的提议始终没有给出明确的答复。尽管如此，韦尼泽洛斯仍然坚持对保加利亚的和解态度。他不仅在色雷斯问题上作出让步，还在东马其顿问题上作出让步，这使他因牺牲希腊的重大利益而受到严厉批评。他认识到，巴尔干问题不能基于人种学原则来解决，还必须考虑地理上的合理性。他承认色雷斯的希腊人必须交给保加利亚。他只要求获得希腊军队实际占领的马其顿领土，包括有广阔腹地的萨洛尼卡。随着保加利亚的态度变得更加不妥协，其占领军进一步向西推进，韦尼泽洛斯甚至愿意将斯特鲁马河作为新希腊的东部边界，并将斯特鲁马河与梅斯塔河之间的爱琴海沿岸地区（包括卡瓦拉、塞雷斯和德拉马等希腊城市）让给保加利亚。然而，韦尼泽洛斯的这些新让步可能会使他失去希腊人民的支持，而保加利亚却没有给予任何回报。巴尔干同盟国家之间战争的爆发使他摆脱了困难的政治处境。尽管如此，韦尼泽洛斯始终坚决反对这场战争。虽然他尽了最大努力，战争还是爆发了，正如他对国民议会所说的那样，他有理由说，希腊人可以昂首挺胸地面对文明世界，因为这场使巴尔干半岛血流成河的新战争并不是由希腊挑起的，也不是因为希腊要求满足其所有基于人种学的领土主张而引发的。他自豪地宣布，他为国家所争取到的这一立场是"最宝贵的道德资本"。

保加利亚发起敌对行动

保加利亚姗姗来迟的对俄方仲裁的接受，并未注定能带来和平。不过，首相达内夫博士在 6 月 27 日接待了我，并自由地谈论了巴尔干局势（也许是因为在这次谈话中我们得知我们曾是海德堡大学的同学，他谈得更自由），并于 6 月 28 日决定不与盟国开战。然而，就在那天晚上八点，在达内夫博士毫不知情的情况下，萨沃夫将军向第四军指挥官发出了一份加密且标记为"非常紧急"的命令，指示他在第二天晚上"沿整个前线最猛烈地"攻击塞尔维亚人。第二天下午，即 29 日，萨沃夫将军向各军指挥官发出了另一份命令，进一步指示对塞尔维亚人和希腊人发动进攻，包括对萨洛尼卡的进攻，并指出这些进攻"没有任何正式宣战"，其目的是让保加利亚军队习惯于将前盟友视为敌人，加速俄国政府的行动，迫使前盟友更加妥协，并为保加利亚夺取新领土！是谁导致了文官政府与军事当局之间这种可悲的不协调，尚未有官方披露。萨沃夫将军是自行决定行动的吗？还是说，费迪南沙皇在与奥匈帝国外交部长进行长时间磋商后指示萨沃夫将军下达了命令，这一指控有事实依据？达内夫博士对此一无所知，尽管他竭尽全力阻止由此引发的敌对行动，但战争之犬已被放出，现在无法松开对方的喉咙。

过去的几个月里，巴尔干同盟国家之间在马其顿发生了零星的战斗。希腊和塞尔维亚于 6 月 1 日缔结了反保加利亚同盟。它们还与罗马尼亚达成了一项协议，规定如果它们与前盟国之间发生战争，罗马尼亚将进行干预。战争爆发后，罗马尼亚于 7 月 10 日午夜占领了锡利斯特拉（Silistria）。与此同时，塞尔维亚和希腊军队在基尔基斯（Kilkis）、多伊兰（Doiran）以及瓦尔达尔河与斯特鲁马河之间的其他地点与保加利亚人激烈交战。此外，仿佛保加利亚的敌人还不够多，土耳其军队于 7 月 12 日离开查塔尔贾防线，跨过埃诺斯—米迪亚线，在不到两周的时间内，在恩维尔贝伊的率领下重新占领了阿德里安堡。保加利亚无力阻止土耳其人的进一步推进，也无法派兵对抗罗马尼亚人，后者在未遇抵抗的情况下穿越邻国，直到索非亚本身也在他们的掌控之中。

没有任何国家能在如此可怕的劣势中坚持下去。达内夫博士于 7 月 15 日辞职。新内阁不得不尽力达成最好的条件。

和平条款

7 月 28 日，和平会议在布加勒斯特召开，并于 8 月 10 日签署了和平条约。根据《布加勒斯特条约》，塞尔维亚不仅获得了其已占领的马其顿地区，还向东扩展，越过多伊兰—伊斯蒂布—科查纳线，进入了纯粹的保加利亚领土。希腊在条约中获得了更好的待遇，条约不仅赋予了它已占领的所有马其顿土地，还将它在爱琴海沿岸的领土向东扩展至梅斯塔河口，并向内陆延伸至超过塞雷斯和德拉马，其距离与它们到海的距离相当——由此，从普雷斯帕湖（靠近阿尔巴尼亚东部边界）开始，沿着一条向北延伸的线，经过格夫盖利和多伊兰，到梅斯塔河另一侧的凯恩查尔（Kainchal），确立了新希腊的北部边界。这种对从土耳其手中夺取的领土的分配使保加利亚被排除在西爱琴海之外；而保加利亚在梅斯塔河与土耳其边界之间剩下的沿岸地区没有任何重要港口，除了泽泽阿加赫（Dedeagach），但它远不如卡瓦拉。

新的土耳其边界由保加利亚和土耳其政府通过谈判来确定。在黑海地区，土耳其边界的终点从米迪亚向北推进，几乎到达保加利亚的南部边界。埃诺斯仍然是土耳其在爱琴海地区的边界终点。但这两个终点由一条曲线连接，这条线沿着马里查河延伸至苏夫利（Sufli）和迪莫提卡（Dimotika）之间的一个点，然后呈半圆形绕过阿德里安堡，到达保加利亚和黑海。因此，保加利亚被迫将阿德里安堡及基尔克基利塞、吕莱布尔加兹和乔尔卢的战场归还给亚洲的敌人，它勇敢的士兵曾在那里对土耳其取得了辉煌的胜利。

罗马尼亚的态度

《布加勒斯特条约》标志着罗马尼亚在巴尔干事务中的主导地位。当然，罗马尼亚也得到了自己的回报。它长期以来一直觊觎保加利亚的东北角地区——从多瑙河上的图尔图凯（Turtukai）到黑海上的巴尔奇克（Baltchik）。根据条约，保加利亚现在被迫将这片领土，甚至将超出该线的一些地区割让给罗马尼亚。这是一片肥沃的土地，人口约 30 万，其中许多是土耳其人。

罗马尼亚要求为其在第一次巴尔干战争中的中立获得补偿的主张，受到了西欧独立媒体的严厉批评。这一主张最初在伦敦和平会议上提出，但被保加利亚代表达内夫博士拒绝。然而，罗马尼亚政府坚持推动这一主张，列强最终决定调解，结果锡利斯特拉市及其邻近地区被划归罗马尼亚。两国对这一裁决都不满意。第二次巴尔干战争在领土移交完成之前爆发。这给了罗马尼亚机会强制执行其最初的主张，正如我们所见，尽管奥匈帝国提出了建议，罗马尼亚还是利用了这一点。

罗马尼亚政府通过两点理由来证明其立场的正当性。第一，由于罗马尼亚比其他巴尔干国家都更大、人口更多，罗马尼亚民族不能袖手旁观，坐视保加利亚从它手中夺取这一优势。如果保加利亚没有在盟国之间挑起战争，如果它满足于吞并它军事占领的土耳其的欧洲领土，新保加利亚的面积和人口将超过罗马尼亚。因此，罗马尼亚人声称，他们所采取的行动是由合法且至关重要的国家利益所驱使的。第二，由于希腊人、塞尔维亚人和保加利亚人分别基于居民的民族特征对马其顿提出领土主张，罗马尼亚断言，该争议地区大量罗马尼亚（或瓦拉几亚）人口的存在，使它对"共同财产"享有同样有效的主张。

在整个马其顿，可能有 10 万瓦拉几亚人，尽管罗马尼亚官员认为这一数字要高得多。他们中的许多人是高地的牧民，其他人通过马队或骡队从事运输；低地的人们则是优秀的农民。瓦拉几亚人主要分布在色萨利和阿尔巴尼亚之间的山脉和山谷中。他们普遍支持希腊的事业。大多数人会说希腊语和罗马尼亚语；他们都是希腊东正教会的忠实成员。然而，自 1886 年以来，马其顿一直存在罗马尼亚的宣传，布加勒斯特政府投入了大量资金来维持罗马尼亚学校，但这些学校的数量在任何时候可能都没有超过 40 所。

既然其他巴尔干国家——希腊、塞尔维亚、保加利亚——迄今为止都在马其顿维持其学校和教堂的宣传，并准备将其现在获得解放的人民置于本国政府的仁慈统治之下，同时吞并它们所占领的马其顿土地，罗马尼亚问道，为什么它应该被排除在这一安排之外？确实，它没有加入巴尔干同盟来共同对抗土耳其的压迫。但是，它保持了善意的中立。由于马其顿与罗马尼亚并不接壤，罗马尼亚并不寻求吞并马其顿的任何部分。然而，马其顿的罗马尼亚人赋予罗马尼亚的权利应该得到满足。因此，罗马尼亚政府声称，作为交换，保加利亚东北角的邻近地区应归它所有，允许保加利亚通过无争议地吞并色雷斯和东马其顿来补偿自己。

这就是罗马尼亚的理由。当然，这对保加利亚来说非常严苛。但是，没有一个交战国对保加利亚表现出任何宽容。战争是一场无情的利己游戏。是保加利亚诉诸了武力，现在它必须为此付出代价。

它的损失使所有邻国都富裕起来。培根勋爵①关于个体的论述"一个人的愚蠢是另一个人的福气"对国家来说更是如此：没有什么比他国的错误更能使本国突然兴盛。

黑山的工作与回报

我已经充分叙述了罗马尼亚、塞尔维亚和希腊的领土收益。但我不能对黑山保持沉默。黑山尼古拉国王的英勇战士们开启了对奥斯曼帝国的战争，他们也加入了塞尔维亚和希腊对抗保加利亚的斗争。6月29日（星期日），我在乌斯库布的酒店对面看到了15,000名黑山士兵的营地，他们一两天前才从米特罗维察乘火车抵达，穿过新帕扎尔行军而来。他们高大、敏捷、勇敢，面容显示出规矩的生活，看起来是世界上任何地方都能找到的最优秀的士兵，他们威严的身材和男子气概因其引人注目且别致的制服而更加突出。军官们第二天告诉我，几个小时后他们将在格夫盖利战斗。他们光鲜的外表似乎预示着塞尔维亚人的胜利。

黑山也获得了回报，将南部领土扩张到阿尔巴尼亚的边界（由列强划定），并在东部的新帕扎尔区（sandjak）获得了更广泛的扩张。只要现任国王（深受爱戴的尼古拉国王，这位真正的荷马式的人民之父）在世，这个古老的王国可能会保持不变。但经济、社会

---

① 即弗朗西斯·培根（Francis Bacon，1561-1626），英国哲学家、思想家、作家。

和政治力量已经在发挥作用，倾向于使其与塞尔维亚更紧密地联合，巴尔干战争极大地推动了这些力量。一个统一的塞尔维亚国家，拥有包括安提瓦里（Antivari）和乌尔齐尼（Dulcigno）港口在内的亚得里亚海沿岸地区，可能是命运为塞尔维亚和黑山这两个姐妹王国准备的未来。如果是这样，这很可能是一种双方自愿的联合；无论是奥匈帝国还是意大利，作为亚得里亚海的守护者，似乎都没有任何正当理由反对这种纯粹的国内安排。

阿尔巴尼亚问题

阿尔巴尼亚人虽然在对抗土耳其的战争中更倾向于反对而不是协助巴尔干同盟国家，但在奥匈帝国的推动和意大利的支持下，它被列强设立为一个独立国家。新国家的边界划定是欧洲列强在运作中相互冲突的力量的结果。在北部，尽管由于奥匈帝国的坚持，斯库台被留给了阿尔巴尼亚，但俄国的影响足够强大，确保了阿尔巴尼亚的中心城市佩奇（Ipek）、贾科瓦（Djakova）、普里兹伦（Prisrend）及东部的迪布拉归盟友塞尔维亚所有。这是对塞尔维亚失去亚得里亚海出海口的一种补偿，当时尚未预见到巴尔干同盟国家之间的战争会极大地扩张它的领土。不过，虽然阿尔巴尼亚人由此被排除在北部和东部的新国家之外，但他们在南部却得到了不协调的补偿，即不合理地扩张到以希腊人为主的伊庇鲁斯北部。

阿尔巴尼亚和新希腊之间的边界位置是由意大利的立场强加给列强的。在第一次巴尔干战争期间，希腊占领了伊庇鲁斯或南阿尔巴尼亚，直到从海岸上略高于希马拉（Khimara）的一个点向东延伸到普雷斯帕湖的一条线，因此台佩莱纳（Tepeleni）和科尔察（Koritza）等城市被包括在希腊的区域内。但意大利抗议希腊占领科孚海峡两侧的领土会威胁到对亚得里亚海的控制，并坚持阿尔巴尼亚和希腊之间的边界应从科孚岛南部对面的海岸点开始。因此，希腊被迫撤出它占领的约阿尼纳以北的大部分领土。阿尔巴尼亚则随后试图对该地区行使管辖权。

但阿尔巴尼亚的任务注定是困难的。尽管列强为它安排了一位统治者——德国的威廉·维德亲王——但它不是一个组织良好的国家。阿尔巴尼亚人即便不是欧洲最古老的民族，也是最古老的民族之一。但是，他们从未建立过一个国家。今天，他们则被彻底分裂。这是一个存在普遍对立的国家——北方对南方，部落对部落，贝伊对贝伊。大多数人口是穆斯林，但北部有许多罗马天主教徒，南部则是希腊东正教占主导地位。北部的居民被称为盖格人（Ghegs），分为众多部落，他们的主要活动是在永久的血仇和无法消除的复仇制度下互相争斗。南部没有部落，但当地被称为托斯克人（Tosks）的居民生活在被称为贝伊的领主的统治之下，这些贝伊实际上是他们所在地区的绝对统治者。整个国家是原始环境遗留下的奇怪混合物。它不仅没有艺术和文学，而且没有制造业、贸易甚至农业。难怪伊庇鲁斯的希腊人对欧洲列强强加给他们的命运感到愤怒——被从自己的文明和信仰基督教的亲人中分离，并受到占据阿尔巴尼亚的残暴的土耳其人的统治。并不让人惊讶的是，自从希腊军队根据列强的法令撤出北伊庇鲁斯以来，该地区从圣基伦塔（Santi Quaranta）到科尔察的居民，都在宣布独立并抗击试图将他们置于统治之下的阿尔巴尼亚人。阿尔巴尼亚的未来充满不确定性。然而，这个国家并不是为阿尔巴尼亚人建立的，他们无论如何也没有能力管理或维护它。这个国家是为了奥匈帝国和意大利的利益而建立的。这些列强很可能会塑造它的未来。

爱琴海诸岛与克里特

为了补偿希腊在伊庇鲁斯地区所作出的牺牲，列强允许它保留战争期间占领的所有爱琴海岛屿，除了伊姆布罗斯（Imbros）、特内多斯（Tenedos）和达达尼尔海峡入口处的兔子岛（Rabbit Islands）。不过，希腊永远不能对这些岛屿进行军事化或将其转变为海军基地。这些亚洲岛屿（包括除罗德岛和多德卡尼斯群岛之外的所有岛屿，它们被意大利暂时占领，作为土耳其军官和部队撤离利比亚的保证）的分配方式在土耳其引起了极大的不满，土耳其人宣称宁愿与希腊开战也不愿割让某些岛屿，尤其是希俄斯（Chios）和米蒂利尼（Mitylene）。然而，根据《伦敦条约》，土耳其已将岛屿的处置问题交由列强决定。不过，土耳其对列强行动的非官方谴责现在造成了危险的局势。韦尼泽洛斯先生不久前在议会的强烈支持下宣布，希腊的安全仅在于拥有一支强大的海军。对韦尼泽洛斯先生个人而言，在所有这些重大事件中，没有什么比克里特与希腊的合并更令人满意了。这一合并于 12 月 14 日完成，当时希腊国旗在干尼亚堡（Canea Fort）升起，康斯坦丁国王、韦尼泽洛斯首相和大国的领事在场，希腊舰队鸣放 101 响礼炮以示庆祝。

康斯坦丁国王

非凡的好运眷顾了希腊国王——好运，还有他自身的睿智和英勇无畏，以及臣民的忠诚支持。此前何曾有过一位君主，在登上王位前后几个月的时间里，凭借卓越的军事指挥才能，将军队掌控在自己手中，使自己国家的领土面积和人口数量翻了一番呢？

战争的代价

巴尔干战争是血腥且代价高昂的。我们永远无法确切知道有多少男人、女人和儿童因贫困、疾病和屠杀而死亡。但军队中的死亡和受伤人数分别为：黑山 11,200 人，希腊 68,000 人，塞尔维亚 71,000 人，保加利亚 156,000 人，土耳其的损失与保加利亚大致相同。财富的损失与人员的损失一样巨大。经济损失只能进行粗略的估算，但直接的军事开支估计在 12.5 亿到 15 亿美元。这当然没有考虑到生产工业、贸易和商业的瘫痪，或现有经济价值的破坏。

不过，这场战争已经取得了伟大而重要的成果。尽管土耳其再次坐镇其古都阿德里安堡，但它已被逐出欧洲，或者至少不再是一个欧洲强国。因此，5 个多世纪以来，巴尔干基督教国家首次有可能实现稳定的均势。这些国家彼此之间及其与列强之间当前的关系是否注定会持续下去，试图进行预测是鲁莽的。

巴尔干的未来

但是，在不妄图预言未来的情况下，可以在总结中提到一些重要的事实。如果巴尔干国家被允许自行处理事务，不受列强的干预，那么希腊、塞尔维亚、黑山和罗马尼亚之间基于共同利益的现有关系没有理由不维持下去；如果这些关系维持下去，尽管保加利亚呼吁复仇和重新调整边界，和平也将得到保障。危险在于列强的影响，它们的吸引力和排斥力各不相同。法国、德国和英国与巴尔干地区没有直接联系且距离遥远，不太可能施加太多的直接影响。但是，它们与三国同盟和三国协约的联系使它们无法完全采取独立行动。这两个欧洲集团的另外两个成员——俄国和奥匈帝国——长期以来则一直对巴尔干问题很感兴趣；而对塞尔维亚吞并亚得里亚海沿岸和希腊吞并伊庇鲁斯的反对，现在首次揭示了意大利对同一问题的深切关注。

塞族人是斯拉夫人。塞尔维亚与奥匈帝国之间不愉快的关系总是加剧了他们的亲俄倾向。罗马尼亚人是拉丁民族，与法国人和意大利人一样，他们迄今为止被视为三国同盟在巴尔干的延伸。然而，奥匈帝国在巴尔干战争期间的态度使罗马尼亚的友谊降温，因此其转向俄国不再是不可思议的，甚至不再是不可能的。希腊希望独立于欧洲体系的两大集团，但意大利在北伊庇鲁斯以及罗德岛和多德卡尼斯群岛的行动在希腊人中引起了愤怒和怨恨。没有什么能平息或大大缓解这种情绪。保加利亚过去曾将对独立民族生活的渴望发展为对俄国的敌意，但自斯塔姆博洛夫①时代以来，保加利亚对它伟大的斯拉夫姐妹和"解放者"——俄国表现出更自然的感情。对塞尔维亚（和希腊）的复仇欲望是否会再次将它拉向奥匈帝国，只有时间才能揭示。

无论如何，所有巴尔干国家都需要很长时间才能从 1912 年和 1913 年两场战争所造成的精疲力竭中恢复过来。

它们的财政资源已经耗尽，它们的男性人口已经大量减少。因此，它们必然会与通过《布加勒斯特条约》建立的利益共同体合作，维持巴尔干地区的稳定与平衡。当然，巴尔干国家内部推动和平的力量可能会被某些列强的敌对活动所抵消。有一个危险点完全是列

---

① 斯特凡·斯塔姆博洛夫（Stefan Stambuloff，1854-1895），保加利亚政治家，1887—1894 年任首相。——译者注

强自己造成的。正如我已经解释过的，这就是阿尔巴尼亚。这个人为创造的、边界不自然的所谓的国家，能否管理自己的事务或与邻国塞尔维亚和希腊和平相处，是一个严重的问题。目前，伊庇鲁斯的希腊人（列强将他们划归阿尔巴尼亚）正在以死抵抗并入一个冒犯他们最深切和最神圣的宗教、种族、民族和人文情感的国家。此外，北部的霍蒂（Hoti）和格鲁达（Gruda）部落强烈反对并入黑山（列强已下令），并威胁要召唤与他们有数世纪防御联盟的其他马利索里（Malissori）部落来支持他们。如果威廉·维德王子无法应对这些困难，意大利和奥匈帝国可能认为有必要对阿尔巴尼亚进行干预。但是，任何一方的干预几乎肯定会引发其他欧洲列强尤其是俄国相应的行动。

人们只能希望列强能够利用智慧，找到和平解决它们在建立新国家阿尔巴尼亚时造成的棘手问题的方法。我认为，阿尔巴尼亚人自己不可能有机会实现自己的民族独立。然而，我在 1913 年夏天在发罗拉（Valona）从临时政府首脑伊斯梅尔·凯末尔贝伊（Ismail Kemal Bey）的口中，听到了他对独立的阿尔巴尼亚的希望和抱负的令人印象深刻的陈述，以及他对未来的信心。他声称这代表了阿尔巴尼亚人民的情感。但是，正如我已经解释过的，我认为即使在最有利的外部环境下，阿尔巴尼亚人目前有资格建立和维护一个独立的国家也是值得怀疑的。他们的命运与某些列强的野心如此紧密地纠缠在一起，以至于这个实验没有机会得到公平的试验。我衷心希望情况不是这样，因为作为一个美国人，我同情所有为自由和独立而奋斗的民族的愿望。我对阿尔巴尼亚的兴趣愈加浓厚了，正如所有美国人的这种兴趣也必定会加深一样，因为现在有大批阿尔巴尼亚人在美国安了家。

译名表

A

Abdul Hamid Ⅱ 阿卜杜勒·哈米德二世

Admiral Tufnel 图夫内尔海军上将

Adrianople 阿德里安堡

Adriatic Sea 亚得里亚海

Aegean 爱琴海

Albania 阿尔巴尼亚

Aliakmon River 阿利亚克蒙河

Anghista 安吉斯塔

Antivari 安提瓦里

Archbishop of Ipek 佩奇大主教

Archduke Franz Ferdinand 弗朗茨·斐迪南大公

Austria-Hungary 奥匈帝国

B

Balkan Allies（the Allies） 巴尔干同盟国家

Balkan Wars 巴尔干战争

Baltchik 巴尔奇克

Basil Ⅱ 巴西尔二世

benevolent neutrality 善意中立

Berane 贝拉内

Big Bulgaria 大保加利亚

Black Drin 黑德林

Boris 鲍里斯

Bosnian 波斯尼亚

Bosphorus 博斯普鲁斯海峡

Bregalnitza River 布雷加尔尼察河

Brusa 布尔萨

Buda-Pesth 布达佩斯

Bukarest 布加勒斯特

Bulgaria　保加利亚

C

Canea Fort　干尼亚堡

Cape Matapan　马塔潘角

Central Powers　同盟国

Chalcidician Peninsula　哈尔基季基半岛

Chatalja　查塔尔贾

Chios　希俄斯

Chorlu　乔尔卢

Coburg Prince　科堡亲王

Constantinople　君士坦丁堡

Corfu　科孚岛

Cornell University　康奈尔大学

Count Berchtold　贝希托尔德伯爵

Crete　克里特岛

Croatia　克罗地亚

D

Dalmatia　达尔马提亚

Danube　多瑙河

Dardanelles　达达尼尔海峡

Dedeagach　泽泽阿加赫

Dibra　迪布拉

Dimotika　迪莫提卡

Djakova　贾科瓦

Dodecanese　多德卡尼斯群岛

Doiran　多伊兰

Drama　德拉马

Drin　德林河

Dual Monarchy　奥匈帝国

Duchess of Hohenburg　霍恩贝格公爵夫人

Dulcigno　乌尔齐尼

Durazzo　都拉斯

E

Eastern Roumelia　东鲁米利亚

Egri Palanka　埃格里帕兰卡

Elassona　埃拉索纳

Eleutherios Venizelos　埃莱夫塞里奥

斯·韦尼泽洛斯

Enos　埃诺斯

Entente Powers　协约国

Enver Bey　恩维尔贝伊

Eothen　《东方》

exarch　督主教

exarchate　督主教区

F

Ferdinand　费迪南

first Bulgarian Empire　第一保加利亚王国

Fiume　阜姆

Florina　弗洛里纳

Fort Rupel　鲁佩尔堡

G

Gabrovo　加布罗沃

General Eydoux　艾杜将军

Germanos　格尔马诺斯

Ghegs　盖格人

Ghevgheli　格夫盖利

Ghevgheli　格夫盖利

Gibbon　吉本

Gladstone　格莱斯顿

Golema Vreh　戈莱马夫雷赫

Grand Vizier　大维齐尔

Greek Empire　希腊帝国

Gruda　格鲁达

Gueshoff　格绍夫

Gulf of Arta　阿尔塔湾

H

Herzegovina　黑塞哥维那省

Hoti　霍蒂

Hungarians　匈牙利人

I

Imbros　伊姆布罗斯

Ipek　伊佩克

Ismail Kemal Bey　伊斯梅尔·凯末尔贝伊　　Iven Asen Ⅱ　伊凡·阿森二世

Istib　伊斯蒂布

J

Jacob Gould Schurman　雅各布·古尔　　Janina　约阿尼纳

　德·舒尔曼　　　　　　　　　　　　　Jenitsa　耶尼察

K

Kainchal　凯恩查尔　　　　　　　　　King George　乔治国王

Kara-George　卡拉乔尔杰　　　　　　Kinglake　金莱克

Kavala　卡瓦拉　　　　　　　　　　Kirk Kilisse　基尔克基利塞

Khimara　希马拉　　　　　　　　　　Kochana　科查纳

Kiamil Pasha　基阿米尔帕夏　　　　　Koritza　科尔察

Kilkis　基尔基斯　　　　　　　　　　Kumanovo　库马诺沃

L

Larissa　拉里萨　　　　　　　　　　Lord Byron　拜伦勋爵

Lazar the Serb　塞尔维亚的拉扎尔　　　Lule Burgas　吕莱布尔加兹

Leftera　莱夫特拉

M

Macedonia　马其顿　　　　　　　　　Malissori　马利索里

Mahmud Shevket Pasha　马哈茂德·谢夫凯　Maritza River　马里查河

　特帕夏　　　　　　　　　　　　　Matthew Arnold　马修·阿诺德

Maiorescu　马约雷斯库　　　　　　　Mediterranean　地中海

Mehemet Ali　穆罕默德·阿里　　　　Monastir　莫纳斯提尔

Mesta　梅斯塔河　　　　　　　　　Montenegro　黑山

Midia　米迪亚　　　　　　　　　　Morea　摩里亚

Milosh Obrenovich　米洛什·奥布雷诺维奇　Murad Ⅰ　穆拉德一世

Mitylene　米蒂利尼

N

Navarino　纳瓦里诺　　　　　　　　Nigrita　尼格里塔

Nazim Pasha　纳齐姆帕夏　　　　　　Northern Epirus　北伊庇鲁斯

Nevrokop　涅夫罗科普　　　　　　　Novi Bazar　新帕扎尔

Nicaea　尼西亚

O

Ochrida　奥赫里德　　　　　　　　Orphani　奥尔法尼

Old Servia　旧塞尔维亚　　　　　　Ovcepolje　奥夫切波列

Orkhan　奥尔汗

P

Pan-Serb　泛塞尔维亚主义　　　　　Pomaks　波马克人

Pan-Slavism　泛斯拉夫主义　　　　　Pravishta　普拉维什塔

Panghaion　潘盖翁　　　　　　　　Presha　普雷斯帕

Pashitch　帕希奇　　　　　　　　　Preslav　普雷斯拉夫

patriarch　牧首　　　　　　　　　Prilip　普里莱普

Persian Gulf　波斯湾　　　　　　　Prince Alexander　亚历山大亲王

Podolia　波多利亚　　　　　　　　Prince Otto　奥托王子

巴尔干战争（1912—1913）

Prisrend　普里兹伦

Q

quid pro quo　等价交换

R

Rabbit Islands　兔子岛

Rhodes　罗德岛

Roumania　罗马尼亚

S

Saloniki　萨洛尼卡

Samuel　萨穆埃尔

San Giuliano　圣朱利亚诺

sandjak　区

Santi Quaranta　圣基伦塔

Sarandaporon　萨兰塔波鲁

Savoff　萨沃夫

Scutari　斯库台

Sea of Marmora　马尔马拉海

Serajevo　萨拉热窝

Seres　塞雷斯

Serndje　塞尔恩杰

Servia　塞尔维亚

Shishman　希什曼

Silistria　锡利斯特拉

Simeon　西梅昂

Sir Arthur Evans　亚瑟·埃文斯爵士

Slavic family　斯拉夫大家庭

Slivnitza　斯利夫尼察

Sofia　索非亚

Stambuloff　斯塔姆博洛夫

Stephen Dushan　斯特凡·杜尚

Stephen Nemanyo　斯特凡·内马尼亚

Struga　斯特鲁加

Struma Valley　斯特鲁马河谷

Struma　斯特鲁马河

Strumnitza　斯特鲁米察

Sufli　苏夫利

T

Tenedos　特内多斯

Tepeleni　台佩莱纳

The Internal Organization　马其顿内部革命
　组织

Thessalia　色萨利

Thrace　色雷斯

Tosks　托斯克人

Transylvania　特兰西瓦尼亚

Treaty of Bukarest　《布加勒斯特条约》

tributary principality　附庸公国

Triple Alliance　三国同盟

Triple Entente　三国协约

Trnovo　特尔诺沃

Tsaribrod　察里布罗德

Turkey　土耳其

Turtukai　图尔图凯

U

ultimatum　最后通牒

Uskub　乌斯库布

V

Vale of Tempe　坦佩谷

Vali　省长

Valona　发罗拉

Vardar River　瓦尔达尔河

Veles　韦莱斯

Veria　韦里亚

Vlach　瓦拉几亚

Vodena　沃德纳

W

warrior-King　武士国王

X

Xerias River　泽里亚斯河

Y

Yong Turk Party　青年土耳其党

Z

Zaimis　扎伊米斯